Chemins sabbatiques...

« S'éloigner de tout rapproche un peu de l'essentiel »

Loïck Perron (1959), navigateur

« Le succès d'une vie dépend de la capacité à oublier

ce qui n'est pas approprié au moment présent. »

Amma

« Les choses que nous possédons finissent par nous posséder »

Citation sur le chemin jacquaire

Vincent Verhille

Chemins sabbatiques...

Vers Rome

En Inde du Sud

Vers Compostelle et Fatima

Éditeur : Books on Demand,
12/14-rond-point des Champs Élysées, 75008 Paris
Impression : BoD – Books on Demand, Norderstedt, Allemagne

ISBN : 9782322150595

Dépôt légal : novembre 2018

Faisons connaissance... avant de cheminer ensemble

Je me présente, Vincent, marié avec Christine, quatre grands enfants autonomes, engagés et voyageurs. Je passe le cap des 55 ans lors de cette année sabbatique. Trente ans d'activités professionnelles avec le monde agricole et je n'oublie pas les deux premières années vécues en Haïti en tant "qu'agronome". Cette expérience que je perçois aujourd'hui comme une approche sabbatique de la vie, m'avait enrichi par les échanges interculturels. J'en suis rentré plus mûr et plus serein. En couple et en famille, nos week-ends et nos étés ont souvent pris les chemins de randonnées dans notre région de Bourgogne-Franche Comté, en Corse, dans les Alpes ou sur les G.R de Compostelle de France et d'Espagne. Des moments privilégiés d'échanges.

Depuis quinze ans, je travaille comme formateur en gestion agricole auprès d'un public d'apprentis et d'adultes, un métier relationnel au contenu varié. J'apprécie la mission qui m'est confiée, mais cela ne m'empêche pas de passer par des phases de stress, de manque de sommeil ou de routine. Quels choix pour l'avenir ? La pause s'impose avec ce projet sabbatique.

Avec ma femme, nous sommes d'accord pour vivre cette année en décalage. Je lui glisse un Grand Merci ! Et financièrement va-t-on me demander ? Peu de besoins constituent une partie de la réponse, pas de charge de famille et de maison, des projets avec le mode bivouac et marche en sobriété... heureuse.

Et vous ? Comment voyez-vous la perspective d'une année sabbatique ? Je vous propose le petit exercice suivant...

Asseyez-vous au calme. Fermez les yeux. Respirez doucement. Voyagez au fond de vous-même. Visualisez vos meilleurs souvenirs, vos rêves d'enfance ou d'adolescence.

D'ici quelques mois, deux ans maximum, vous avez la possibilité de vivre une année où vous organisez le temps selon vos envies, vos besoins, vos attentes. Imaginez...

Aucune limite "raisonnable", pas de frein. Sans contrainte matérielle ni lien affectif... Non pas qu'ils n'existent pas, bien au contraire. Vous verrez après. Eh oui, vous allez bénéficier d'une année sabbatique. Peut-être six mois ou moins si ce temps semble suffisant à la réalisation de votre nouveau projet de vie.

Que voyez-vous se dessiner dans vos rêves ?

Êtes-vous seul(e), avec de nouveaux ou d'anciens amis, en famille ?

En France pour démarrer un gîte rural ou vous lancer sur un parcours de formation ?

En Afrique comme volontaire ou en Amérique du Sud pour une traversée en V.T.T ?

Créer votre entreprise de maraîchage bio ou bien restaurer une turbine hydroélectrique ?

Peut-être sur place pour développer vos talents de peinture ?

Vivre pleinement avec vos jeunes enfants ? Ou bien encore vous poser, afin de faire face à des problèmes de santé ?

J'ai joué à ce jeu du "fermer les yeux". Je me voyais marcher, marcher. Je me voyais retourner en Haïti. Deux années de volontariat en 1985-87, ça marque une vie.

Enfin, marcher vers Saint-Jacques de Compostelle va permettre de vivre ce Chemin sur une seule période, en partant de la maison, près de Besançon.

Deux années seront appréciées pour préparer ce projet de l'année scolaire, de juillet à juillet.

Au cours des mois, les pensées évoluent dans ce champ des possibles. J'envisage tout d'abord de marcher vers Rome sur la "Via Francigena" en passant par Besançon, la Suisse et les Alpes. Puis de nombreuses images de l'Inde viennent me frapper au cinéma, à trois reprises, comme un signe. La mémoire vive se réactive, un premier voyage à dix-huit ans et un retour quatre années plus tard dans ce grand pays. Trente-deux ans après… Je vais saisir la chance de redécouvrir la partie Sud sur une période idéale, juste après la mousson, entre novembre et janvier. C'est décidé, je retourne en Inde.
Enfin, de mars à juillet, je prévois de marcher Sud-Ouest sur la diagonale de la France, puis la côte nord de l'Espagne vers Saint-Jacques de Compostelle et descendre enfin vers le Portugal.

Partir seul, mon compagnon de route sera le carnet d'écriture. Le rendez-vous quotidien pour pêcher la petite anecdote, celle qui marque ma journée.

Je propose de les partager avec vous, à votre rythme.
Bon chemin...

« Range le livre, la description, la tradition, l'autorité, et prends la route pour découvrir toi-même »

Krishnamurti (1895-1986), philosophe indien

Chemins sabbatiques... Vers Rome

Le vide et le plein de Saint Augustin*

L'objectif du jour est de rallier à pied l'abbaye d'Acey à vingt-trois kilomètres de chez nous. Le plus inconfortable dans un départ vers "l'inconnu" est de décider de suspendre les liens du quotidien. Car, sur ce premier volet du triptyque de l'année sabbatique, le projet est de continuer seul vers Rome en deux bons mois.

En remontant ma rue et en traversant le tout proche bois de Noiron, je me demande déjà si cette idée n'est pas trop pharaonique pour mes petites épaules. Pourtant, je ne quitte personne sans grande peine liée à ce départ. Ma femme et mes enfants me laissent de nombreuses citations pour « réaliser mes rêves » et « vivre l'aventure ». Je me sens entraîné et en pleine forme physique avec le vécu de la course à pied.

Alors on s'accroche à cette belle date du vingt-quatre juillet et c'est parti ! En binôme aujourd'hui avec ma femme.

Arrivés à l'abbaye d'Acey en fin d'après-midi, nous participons au temps de célébration avec les moines, dont un quart d'heure de silence total ! Méditatif, recueilli, mais l'esprit n'est pas encore connecté à ce temps particulier.

Un quart d'heure, ce n'est pas long, juste une mi-temps de foot, et pourtant je me sens perdu. C'est bien ce que je craignais : ma tête est une coquille vide.

*Citation page 23 : « Se vider de tout ce dont on est plein,
se remplir de tout ce dont on est vide »

HORS de ma zone de confort

Bivouac près de l'abbaye, petit déjeuner au lavoir de Jaillerange, sac de douze kilos qui fait gonfler l'épaule gauche, grosses étapes et grosse chaleur, deux ampoules sous le pied, typique du rodage des chaussures neuves : je suis sorti de ma zone de confort. Je vise de rejoindre mon fils et sa famille. J'ai quatre jours pour travailler à m'adapter avant la pause familiale de Pontarlier ! Sinon... la honte !

28/07

Seul et boussole

Juste avant Pontarlier, une erreur classique de chemin me fait planter en "plein milieu" d'une forêt. Pas envie de revenir sur mes pas, je teste mon premier cours pratique de boussole, seul dans cette forêt qui me paraît immense et surtout sans issue. Une heure en suivant l'azimut sud qui doit me conduire vers Pontarlier et je ressors du bois... au bon endroit, vue sur la porte St-Pierre, entrée historique de la ville. L'an passé, en repérage dans le coin, carte IGN en main, je tente un raccourci pour une diagonale en forêt. Á l'entrée de celle-ci, un camping-car immatriculé en Allemagne profite du calme et de la beauté du lieu. Je marche une heure en "ligne droite" et retombe sur... le même camping-car, toujours en pause !

31/07

Frontière et mystères

Nuit d'orage à Pontarlier et journée de ciel gris-noir. La cape de pluie verte fabriquée en Normandie va protéger l'homme et son précieux sac.

C'est en yéti vert que je passe la frontière suisse. Trois douaniers pour me saluer, pas très habitués à croiser un yéti. En mode boussole et indications "sentiers pédestres", je progresse quelques heures et vais poser ma petite tente sur les hauteurs de Sainte-Croix, au calme, en observateur. Mais que se cache-t-il derrière cette frontière ?

01/08

« Liberté et patrie* »

En guise de calme, la nuit fut entrecoupée de musique typique suisse. 3 h... 4 h... 5 h... ! ? La montagne fait office de caisse de résonnance. Au matin, un quart d'heure pour descendre vers le village, je suis accueilli par un "Play mobil" géant et son drapeau suisse.

En ce lundi, surprise, le grand magasin Coop est fermé ! ? Direction Yverdon où se préparent une grande fête, des concerts. Tout le monde semble en vacances. Aujourd'hui premier août, on m'informe que c'est la fête nationale suisse.

*Devise de la Suisse

Lumière du réverbère

Assis sur un banc face au lac de Neuchâtel, je déguste la transition lente entre la tombée du jour et la levée de la nuit. Je découvre cette fameuse lumière verte qui va animer le petit réverbère d'en face, presque posé sur l'eau, devant quelques petits voiliers.

On ne peut pas décider des souvenirs qui vont marquer notre esprit.

Au même lieu, j'ai rencontré celle qui allait faire route avec moi. Je ne savais pas encore que cette lumière verte du 26/07/82 allait se transformer en lumière du cœur dès le lendemain.

02/08

Le psautier de Romainmôtier

Avec l'aide de miss boussole, je choisi de rejoindre Orbe par le canal occidental : champs de choux, carottes… puis grimpettes vers le site clunisien de Romainmôtier.

Installé et douché, je rejoins l'abbatiale en tenue "legging-tong". On m'indique qu'il y aura un office œcuménique ; voici deux livres, dont un de chants.

Nous sommes six, installés sur les stalles au fond du transept. Deux chants qui décoincent ma voix enrouée et quelques textes complexes entonnés sur une lente mélodie, psaumes 36,15 et 83. Mon autre livre est un psautier.

Pas un âne à Lausanne

Les signes du pèlerinage de la Via Francigena semblent inexistants depuis sainte Croix. Reste un balisage honnête, c'est tout. A la différence du chemin de Compostelle en Aubrac ou de nombreux villages d'Espagne qui ont pu renaître par le Chemin, la Suisse n'a pas besoin du flux pèlerin pour vivre. Je vis mal aussi le fait d'acheter tout, deux à trois fois plus cher.

À l'approche de Lausanne, un déluge de richesse ostensible m'assomme : Jaguar-Porsche, bateaux de luxe sur le lac, palaces... Je redoute la suite vers Montreux où il sera difficile de bivouaquer.

Je ne veux pas avancer bêtement sur un chemin dénué de sens. Je décide de voyager de Lausanne à Martigny par le train, soit cent kilomètres. Je ne veux pas être un âne à Lausanne.

04/08

Nuitée en chalet... suisse

En demandant mon chemin à Orsières, trois sympathiques villageois m'annoncent un gros orage. Je poursuis encore en grimpant vers le hameau désert de Fernex. Les premières gouttes tombent, je pousse la porte d'un vieux chalet, les deux mètres carrés de l'entrée vont m'abriter pour cette nuit.

Face à l'orage, on cherche vite un abri solide.

Prière du pèlerin de Volluz Gratien*

« Il faut faire découvrir aux jeunes la beauté de la création, les entraîner sur les sommets, les lancer à la découverte d'eux-mêmes. Il faut aider l'Homme à se libérer de la bagatelle qui l'aveugle, pour l'engager dans un dépouillement progressif de soi, l'aider à connaître ses possibilités et ses limites, le disposer à monter »

Texte inscrit sur un panneau... après 4 h 15 d'ascension...

* Gratien Volluz (1929-1966) est prêtre et guide de haute montagne. Il est à l'origine des pèlerinages alpins qui s'adressaient aux jeunes des années 60.

Nous venons d'entrer dans la vallée d'Aoste, la plus petite région de l'Italie, avec son statut "autonome" et son historique francophone. Elle est reliée avec la Suisse et la France par le col du grand Saint-Bernard et le Mont Blanc. Cinq étapes.

Contrôle fiscal

Sensation étrange d'arriver dans un autre pays, simplement comme ça en piéton. Quelques échos de l'italien chantant, mais des noms de rues en français.

Trois heures de descente et neuf-cents mètres plus bas, Saint-Léonard s'annonce, premier village bien animé en ce jour de dimanche.

Un vide-grenier, des produits bio, du miel... Trois ânes sont "garés" un peu en retrait avec de la paille au sol ... flash-back haïtien. J'achète un fromage de chèvre pour un bivouac proche du village. Trois euros, pas cher, je retrouve la monnaie de chez moi. Le jeune paysan insiste pour que je prenne le reçu : « Si, si, c'est pour contrôle fiscal. »

08/08

Pause en pression

Arriver à Aoste un lundi vers dix heures, c'est assister à un éveil collectif de la cité accueillante. Les rues piétonnes laissent circuler les marcheurs. Du français sur les vitres des magasins, sur les plaques de rues et places.
De l'italien dans les discussions et les gestes, des vestiges romains dispersés dans la ville.

Midi, le temps de se poser à une table, se décharger du sac. Peut-être le temps d'amorcer l'écriture de ce journal… en commandant une bière au café du théâtre. C'est le temps de la pause en pression.

De l'eau à gogo

Tout au long du chemin en vallée d'Aoste, par les hameaux quasi abandonnés et les villages de Chatillon, St-Vincent, Verrés et Pont-St- Martin, de très nombreuses fontaines offrent en continu une précieuse eau venue des Alpes. Pour les cultures et prairies, un ingénieux système d'irrigation conduit et distribue l'eau par ces petits canaux de moins d'un mètre de large. Sur des kilomètres, ces "rus" voyagent côte à côte avec le chemin. Les prairies en pente vivent grâce à l'aspersion aérienne, magnifique ballet matinal. Enfin, chaque village dispose de points d'eau : au choix, entre "frezzante" et "naturale*". Pour cinq centimes du litre, vous remplissez vos bouteilles. Depuis des siècles, l'eau coule à flot.

*Pétillante et plate

09/08
Attenti al cani*

Les heures de marche du pèlerin conduisent à la rêverie, à la pensée, voire à la méditation… Quel dommage que cet état de bien-être soit cassé par les aboiements de chiens, aux yeux noirs et à la canine bien pointue. Quasiment toutes les maisons sont équipées d'un système de vidéosurveillance et d'un panneau très accueillant « attenti al cane ».

En arrivant au village de Verrès, quel bonheur de rencontrer mes deux premiers... chats.

*Attention aux chiens (au singulier, attenti al cane)

Don Riccardo à San Pietro

Après une nuit en bivouac proche d'une petite rivière pour la toilette de la veille, le rangement de ma tente et du sac se déroule en trois quarts d'heure. Matinée fraîche et aérée.
Vers 13 h, je déguste une glace dans un petit café de village. Les kilomètres suivants se déroulent plus lentement sous un soleil en pleine forme. Crème solaire et chapeau pour se protéger. Arrivé à Donnas en mode "cuit", je me dirige vers l'église San Pietro et demande l'accueil. Don Riccardo me laisse un lit, une douche, des toilettes... et plus tard me fait porter un repas avec quatre belles tomates de son potager.

C'est en traversant le village de Pont-St-Martin que l'on entre dans la région du Piémont (capitale, Turin), pour trois étapes au nord de la région. Elle se caractérise comme le pôle industriel de l'Italie (FIAT, textile...).

11/08

Olivetti et Pierre Rabhi

Presque trente kilomètres pour parvenir à la petite ville d'Yvrea et le premier gîte pèlerin du Canoa club, avec une dizaine de personnes présentes.
Le repas "pasta" en ville est partagé avec sept Italien(ne)s et une Française. La discussion s'anime autour des personnages d'Olivetti, père et fils, créateur de la première entreprise de

machines à écrire d'Italie. Yvrea et ses environs constituent le fief des Olivetti. Je discerne une grande admiration du groupe qui m'explique que c'était un grand humaniste. De la valeur économique de l'entreprise, il se souciait autant de la valeur sociale de "ses" ouvriers.

« Mais en France, vous avez aussi des humanistes » me dit-on, « ce petit homme à la parole posée et profonde. »
 Quelle ne fut pas ma surprise de les entendre citer le nom de Pierre Rabhi*.

*Pierre Rabhi : Philosophe-paysan qui a porté par son exemple de vie les valeurs de l'agroécologie, de la sobriété heureuse et de la coopération. "Faire sa part" revient comme un leitmotiv de son action face aux enjeux de la planète. Ce sacré petit bonhomme discret m'insuffle espoir et énergie.

14/08 ; journée de pause en ce dimanche, à Vercelli

Homo communicatus

« Il vous reste 0,00 EURO sur votre forfait. Pour le recharger… »

Terrible menace qui s'inscrit sur mon portable. Je vais être bientôt déconnecté. Le réseau d'eau s'est développé dès le XIVème siècle au nord de l'Italie. Mais ce tout récent réseau des ondes qui alimente portables et Internet semble être devenu tout aussi vital, du moins nécessaire à la vie économique et sociale. Je reconnais que les SMS envoyés par ma femme et ma famille vont me porter jusqu'à Rome. Alors vite rechargeons !

Repas à l'ostello sancti Eusebi

Les rizières et Babybelle

CON et SON

Cinq Italien(ne)s, une Norvégienne, une Allemande et un Français partagent le repas du soir dans la vaste et chaleureuse cuisine de l'Ostello de Vercelli.

La pèlerine allemande est partie de Taizé en Saône et Loire pour Rome. Il y a quelques années, elle était partie de chez elle de Westphalie pour St-Jacques.

« Ah, vous êtes parti de Besancon ! » me dit-elle. « J'y suis passée, très belle ville Besancon, bel accueil ». « Vous travaillez à Besancon ? ».

« Oui, oui, mais en français, on prononce Besançon ». D'après la B.D « le chat » de Geluck, l'inventeur de la cédille serait un certain monsieur Grocon.

15/08. Entrée en région de Lombardie ; 6 étapes à l'extrême sud de la région, loin de sa capitale Milan ; le fleuve Pô, les rizières et le risotto…

Omnes Viae Romam Perducunt et aussi Errare humanum est*

Après une journée de pause, je me sens frais et en forme pour démarrer une étape de trente-quatre kilomètres. De longues lignes droites à travers les rizières et les champs de maïs. Petit virage à gauche et ça repart pour des kilomètres, droit, droit. Une ligne de chemin de fer ? J'ai dû perdre le chemin ! Le village de Nicorvo est droit devant, je prends donc l'azimut Sud-Est pour le rejoindre… nouveaux chemins droits… bloqué par le canal. Autour, les rizières. Pas d'autre choix que le retour en arrière et encore deux heures de marche à 35 °C.

Enfin arrivé au village de Mortara vers 19 h. Mais l'abbazia di San Albino** se situe encore deux kilomètres après le village.

Quelques lits de camp sont disposés sous les vitraux et une grande table en bois annonce le repas, préparé par une mamma. « Vous arrivez un peu tard quand même » avec un « doccia subito*** » d'après ce que je comprends dans un langage énergique et généreux. Le pèlerin aura gîte et couvert en mode ''Offerta****''.

Au bilan de cette journée, je doute que « tous les chemins mènent à Rome* » et j'espère que « l'erreur est humaine* », tout comme l'accueil et la générosité.

**Abbaye de San-Albino
***Douche tout de suite
****Offerta : le pèlerin laisse une somme selon ses moyens et l'accueil...

Riso, cuistot

Ce soir, c'est restau avec trois pèlerins allemands. En plat principal, des pâtes. C'est du costaud, surtout qu'en entrée, nous venons de déguster le fameux risotto local.

Temps de préparation : 10 minutes, temps de cuisson : 20 minutes

Ingrédients (pour 4 personnes) :

- 300 g de riz pour risotto
- 4 carottes, 2 oignons, 2 poireaux
- 2 cuillères à soupe d'huile d'olive (de Toscane), 20 cl vin blanc, 1 litre de bouillon légumes
- 6 cuillères à soupe parmesan râpé, 20 g beurre, 4 cuillères à soupe de persil plat haché
- sel, poivre, muscade

Préparation de la recette du risotto aux légumes :

Faire bouillir un litre d'eau avec le bouillon de légumes
(Deux cubes). Laisser de côté.
Couper carottes et oignons en petits cubes et couper les
poireaux en fines rondelles. Faire suer les légumes dans une
poêle avec l'huile d'olive.
Ajouter le riz, bien remuer jusqu'à ce qu'il devienne
translucide.
Puis ajouter progressivement le vin blanc et recouvrir de
bouillon à hauteur du riz.
Laisser cuire et remuer jusqu'à absorption du liquide. Verser la
suite du bouillon et ce jusqu'à la fin de cuisson du riz. Ajouter
le beurre, parmesan et persil plat.
Assaisonner selon les goûts ... et savourer !

Nous sommes au pays des rizières et du risotto, où les Italiens
rendent hommage à leur cuisine.

17/08, passage dans la ville de Pavia

Saint Augustin sur mon Chemin

*« Se vider de tout ce dont on est plein,
se remplir de tout ce dont on est vide »*
Saint Augustin (Vème siècle)

Sa tombe se trouve à Pavie dans la discrète basilique au
de San Pietro in Ciel d'Oro (St Pierre au ciel d'or).

Béton, goudron

14 h, le soleil est au zénith et la chaleur maximale.
Ce matin, le chemin n'est que route goudronnée. Je suis doublé
par des camions pressés. Une très longue entrée de village,
quelques courses après le parking du petit supermarché
« Gulliver dal 1964 ». Pause chocolat, bananes et kiwis et c'est
reparti… longue sortie de village… puis, route…
A gauche, le chemin se dirige vers de vastes rizières. Il se
déroule en ligne droite, à perte de vue. Droit, droit… Rizières à
droite, rizières à gauche, un océan vert et le pèlerin Moïse le
traverse.

15 h 11 : goutte de sueur au bout du nez. Ras le bol.

Et soudain, je plonge dans la rizière avec mon sac à dos
vert. Je nage entre les pieds de riz. Je me suis transformé en
petite grenouille et j'observe le pèlerin Vincenzo.
Il m'a fait peur avec ses bâtons de marche. Je l'accompagne de
quelques sauts. Vincenzo me confie qu'il apprécie les chemins en
nature, les Alpes, les forêts et à travers mes rizières. Par
contre, que c'est difficile et dangereux de progresser sur des
chemins artificiels en goudron et béton. Vincenzo m'explique qu'il
redoute cette vague de béton-goudron que les grands humains
déversent sur notre terre.

Il me raconte même, mais là je ne le crois pas, que dans
son lointain pays, un peu avant la fin des terres, les humains ont
décidé de déverser des méga tonnes de béton-goudron pour
pouvoir y déposer des avions. Des milliards de vies vont
disparaître. Mon cerveau et cœur de petite grenouille ne
peuvent pas comprendre cela, il exagère le Vincenzo, qui persiste

en prétextant que « C'est pour aller plus vite, que c'est pour la croissance. »

« O.K, pèlerin. Mais sûr que l'histoire de la grenouille qui veut se faire aussi grosse que le bœuf a bien été écrite par un humain. Ce n'est qu'une fable. Car je ne comprends pas ce que c'est, la croissance, et on voit comment ça finit dans la fable. »

« Bon, j'irais bien happer quelques insectes. A bientôt Vincenzo. »

16 h : Redevenu pèlerin sur le chemin, j'ai une route à traverser. Mes deux bâtons en main, je me lance. Soyons prudent, car je ne voudrais pas finir comme une pauvre petite grenouille aplatie séchée sur le goudron.

19/08

Sac et bivouac

7h, visite de l'église Santa Cristina du village éponyme. Lumière et beauté discrète de ce moment. C'est parti pour pérégriner et se rapprocher de la ville de Piacenza. Le lieu de couchage du soir n'est pas prévu.

15h - Là ? Terrain plat et herbeux. Non, odeur de porcherie en face !

15h30 - Là ? Sous les arbres à l'ombre. Non, pas avec les bruits de la trop proche autoroute.

16h - Au loin, une église en vue, entourée d'arbres. Une demi-heure pour y parvenir, cap vers le village de Valloria.

Le sac est posé à gauche de l'église St Jean Baptiste, aux magnifiques peintures d'accueil et de lumière, le Christ avec les bras grands ouverts.

« Tu as une petite place pour moi, cette nuit ? »

« Bien sûr Vincenzo »

18h- Quel moment de plaisir alors, que de pouvoir déballer tout son sac. Un vrai noël en août.

La cuisine équipée avec son gaz à la flamme bleue, la poêle et la casserole "économie d'énergie", cuillère et couteau (suisse !). Ce soir, ce sera pois cassés avec pâtes chinoises, agrémentés de pesto alla genovese et parmesan. Quel luxe !

Pour la chambre, ce sera intérieur Ferrino et sa douce mousse au sol. Salle de bain extérieure, plafond de ciel bleu et murs de noisetiers, avec proposition d'un doux vent qui vous séchera. Toilettes sous noyer centenaire.

Le repas sera servi en extérieur sur une petite table ronde, sous le clocher de l'église. Coin lecture avec lumière frontale à l'intérieur de la Ferrino.

Enfin, pour vous assurer un sommeil de qualité, à votre disposition une équipe de grillons qui vous berceront de leur spéciale mélodie du Sud.

Sérénité, sobriété et liberté

20/08

"Benvenuto a Piacenza"

Pourquoi marcher pendant deux mois ? A l'heure d'Airbus, du TGV et d'internet, on peut se poser cette question. Certaines personnes déduisent qu'il doit y avoir un sens ou une forme de thérapie derrière cette démarche.

Mais dès le début, sur les interminables rubans de goudron ou les retours en ville, cette question me traverse l'esprit. Alors le marcheur devient pèlerin ; il souhaite le "Buon Journo" aux nombreux habitants qu'il croise. En retour, c'est un bravissimo d'une mamie ou la "forza del cammino". C'est encore la main sur le cœur d'une caissière quand je passe acheter mes kiwis et bananes : « una bella esperienza.» me confie-t-elle.

Les simples kilomètres du marcheur prennent Sens par ces échanges moteurs.

Ce samedi matin, je passe au-dessus du fleuve Pô et arrive à Piacenza. En ce début de week-end, tout le monde profite d'un bon moment en terrasse, le marché offre de magnifiques couleurs de fruits et légumes sur la piazza de Cavalli. J'ai l'impression d'être décalé avec mon sac à dos surmonté de Babybelle* et de son pin's Via Francigena, mes grosses chaussures de marche et mes bâtons. Mais un monsieur vient vers moi pour me souhaiter "Benvenuto a Piacenza**"

* Babybelle est ma mascotte "famille", coccinelle en tissu placée sur le sac
** Bienvenue à Piacenza

Je poursuis 3 étapes sur le Nord-Ouest de la région d'Emilie Romagne (Emilia Romagna), vaste région qui s'étend sur le Sud-Est vers la mer Adriatique.

21/08
Emilia Romagna et Bologna

En passant au-dessus du fleuve Pô, j'entre dans une nouvelle région : l'Emilia Romagna.

Beaucoup de discussions dans les nombreux cafés de village en ce dimanche matin. Mon passage ne passe pas inaperçu et je ne cache pas mon plaisir à venir échanger.

« Io sono pellegrino francese », « Dove ? », « Besançon, Dijon*. »

« Panetteria ? » pour demander une boulangerie. En me tenant l'épaule, un monsieur se lève de la terrasse du café pour m'expliquer trois fois la direction : « A sinistra e secondo a destra, 500 metri sempre dritto », « Grazie mille** » pour le remercier.

« Où allez-vous ? » me demande-t-il encore ?

« Per Roma », « Oooh… Buon Viaggio*** »

J'achète une focaccia**** pour la pause du midi.

Plus aucune rizière, mais des champs de tomates à perte de vue. Jusqu'ici, je ne connaissais que les quelques rangées du jardinier. Encore un autre champ de basilic, du jamais vu. J'avais un doute sur le nom de la capitale régionale mais ça ne peut être que Bologna !

*Je suis pèlerin français. D'où ? Besançon, Dijon
** A gauche et la 2ème à droite, 500 mètres tout droit. Merci beaucoup
***Vers Rome. Oooh…Bon voyage
****Focaccia : version italienne de la fougasse, déclinée avec olives, romarin

22/08
Le label du culturel

Fin de matinée, la balance de mon cerveau m'indique mille-deux-cents kilos. Soixante- quinze de physique et mille cent-vingt-cinq kilos de psychique.

Face à moi, encore un long pont à traverser au-dessus de l'autoroute et aucun passage piéton. Je devrais donc être une voiture à pétrole, air bag, pare choc, suréquipé comme vante la pub.

Depuis de nombreuses étapes en Piémont, en Lombardie et encore aujourd'hui, je suis surpris, étonné, déçu de me retrouver SUR la route goudronnée.

Ohé, je circule sur un chemin historique
On m'a fait croire que c'est celui de Sigéric*.

Pourquoi ces chemins pèlerins ne sont-ils pas pionniers d'une nouvelle mobilité ? J'espère et imagine des tracés bien aménagés. Pouvoir marcher ou pédaler en toute sécurité.

Avec un cahier des charges plus exemplaire, la V F (Via Francigena) pourrait alors mériter son "label" de grand itinéraire culturel.

*Sigéric : du nom de l'archevêque qui partit en l'an 990 de Canterbury en Angleterre pour rejoindre Rome.

23/08 : Hameau de Cabriolo, maison presbytère

« Bon voyage vers toi-même, vers les autres et vers la paix »

Intention familiale du cahier-journal

Dès l'aube, la lumière du jour me réveille progressivement. Ce matin, je me trouve dans une grande pièce, seul, au milieu de trois autres lits simples, des déguisements posés au-dessus d'armoires des années soixante. Au mur, une grande affiche avec les photos d'un groupe d'enfants de cette paroisse qui doit s'animer dans l'année. Petit déjeuner léger dans la pièce à côté, genre local scout où sont stockés des paquets emballés de nourriture-boisson et du matériel d'animation : un chapeau haut de forme, un gourdin en plastique...

7h07 : Je quitte la maison et ferme discrètement la porte.

Deux heures plus tard, me voilà déjà au bar du village de Costamezzana. C'est souvent ce vrai petit déjeuner qui est apprécié du marcheur. Je suis accueilli par Olivier le barman, se présentant comme Templier avec sa croix en bois autour du cou. Au mur, une carte de la V F avec le tracé local et ce texte :

« Sur la Route, tu es toi-même et c'est tout. Ton rôle dans la société, ton argent et ton passé ne comptent pas. Tu es "seul", mais aussi "tout" toi-même et comme ça, tu te mets en relation avec les autres, tu donnes et tu reçois. C'est une belle expérience, dans un monde où souvent nous vivons prisonniers d'un rôle ou d'une image. »

23/08 : ... entre Fidenza et Fornovo di Taro...

Le Mantra* de la Francigena

Sept cents kilomètres déjà, cap vers Roma, pas à pas
S'installe en moi un mantra, sur le long de la Via

1. **Sérénité et Santé**

   Pour ma femme et ma petite famille
   Pour les proches, amis et voisins
   Pour la communauté des Hommes
   Espesial pou tout moun ayisyen yo**
   Pour un monde plus équitable

   Sérénité et santé
   Pour le monde animal, qu'il soit respecté
   Pour le monde végétal, qu'il soit respecté
   Pour toute forme de vie

2. **Bonheur et Bien être**
Idem---
3. **Paix et Amour**
Idem---

*Inspiré des thèmes bouddhiques ou spirituels
**Spécialement pour tous les Haïtiens (un peu de créole)

La terre tremble

Ce soir, des SMS m'informent d'un tremblement de terre dans le pays. Sentiment d'impuissance et d'injustice.
Après ce douze janvier et le désastre dans la capitale d'Haïti, après Fukushima et sa centrale nucléaire anéantie, les journaux annoncent « c'est la fin du monde ici » au centre de l'Italie.

26/08

Emilia Romagna et Toscana

J'ai une belle-fille et une filleule au prénom d'Émilie et une belle-fille nommée Florence. Aujourd'hui, le chemin va me faire passer de la région Emilie Romagne à celle de la Toscane dont la capitale est Florence.
C'est à 1043 mètres d'altitude au col della Cisa que je passe sous une magnifique arche en bois qui m'annonce que je change de région : C'est la « Porta Toscana della Francigena »

La Toscane, 14 étapes du nord vers le sud. Vignobles et oliviers A.O.P, Léonard de Vinci et Michel Ange.
Le monde entier se déplace pour visiter cette magnifique région, paysages aux traits des cyprès élancés.

27/08

Prodotti della terra* et la surprise du Canada

Je prends mon temps en ce samedi matin dans cette mignonne ville de Pontremoli, la première à m'accueillir en Toscane. Passage à l'ouverture de la poste pour envoyer à Gray une belle carte et une grosse enveloppe qui allègera mon sac pour le mois à venir. L'épicerie "fruits et légumes" d'en face me tente avec ses produits du coin : tomates, basilic, pêches... Je demande une belle grappe de raisin Italia et entorse au "local", trois bananes. Je flâne ensuite pour déguster l'ambiance du marché avec ses produits du terroir comme les champignons et le fromage.

L'étape se termine dans un calme camping. Devant ma tente, ce soir, je fais mijoter des haricots en grain, quarante minutes à feu doux. J'ai prévu le pesto alla genovese et le parmesan. Déjà en France, j'apprécie, mais là, au cœur de la région... J'ai le temps d'envoyer un SMS, de découper le parmesan en petits morceaux et aussi de lire l'emballage des haricots.

Tout en bas, il est écrit : « Origine = Canada. »

*Produit de la terre

<u>28/08</u>

<u>Louisiane et Toscane</u>

Trois étapes en Toscane et une belle entrée en nature sur les crêtes, à travers les bois de pins et de chênes. Je découvre mes premiers oliviers et quelques figuiers me proposent leurs fruits chauds et sucrés. J'ai envie de marcher tout en rêvant. Une envie de chanter...

« C'est un endroit qui ressemble à la Louisiane, à l'Italie... On dirait le Sud... Le temps dure longtemps... Et la vie sûrement... Plus d'un million d'annéééé ...es... Et toujours en été »

De Nino Ferrer (1974)

Quelques souvenirs aussi d'une chanson de Goldman
« Ça ressemble à la Toscane, douce et belle de Vinci... »

Bref passage en région côtière de Ligurie, à peine 2 étapes à la pointe sud, le temps de voir la mer. Au nord se situe sa capitale, Gênes, animée par son port. C'est aussi la ville de naissance de Christophe Colomb et de … Nino Ferrer (de son vrai nom Ferrari). Le chanteur me fait plus rigoler avec ses cornichons et son "téléphon" que le navigateur espagnol. La "découverte" de l'Amérique de notre point de vue européen n'a été que pillage des richesses et génocides des Indiens. Pensées de chemins…

31/08

Vue sur mer, frontière

Chouette, je vais voir la mer, la mer Tyrrhénienne.

Il y a toujours une motivation, une envie d'enfant de revoir et admirer cet horizon infini. Une dizaine de kilomètres après Sarzana, étape de la veille, m'y voilà presque. Des allées de pins parasols et de palmiers stimulent la vue, l'odorat et le rêve.

Je me rapproche de Marina di Massa. Mais à peine arrivé, face à moi, se dresse une rangée infranchissable de restaurants privés, de bars et dancings, véritable frontière consumériste.

Le rêve d'enfant se paye, le sable est privatisé.

Mais chance, l'après-midi sera sauvée. Car l'ostello d'Apuano m'offrira une véritable pause, avec transat, lecture, son des vagues et une baignade divine.

Lucca

(Lucques)

34

Lucky Lucques*

Le jeu de mots est tentant. Mais la célérité du personnage de B.D traduit bien l'état d'ébriété lié à l'accélération de la vie de cette belle cité. Le rythme lent du pèlerin se trouve soudainement confronté à l'agitation d'une ville touristique : groupe musical au centre de la place circulaire dell'anfiteatro, statue humaine d'un romain sur son char devant l'imposante cathédrale San Michele et une soirée très animée autour des bars à vin des rues piétonnes. Lors de ma déambulation nocturne, j'assiste à un grandiose défilé de robes élégantes et costards cravates, talons hauts et chaussures cirées, lunettes de soleil et discussions vives.

La municipalité de Lucques laisse aux pèlerins un logement convenable avec quelques lits propres, une salle de bain et deux petites pièces salon cuisine. Le luxe !

A l'arrivée, le premier plaisir est d'échanger ses chaussures de marche pour des tongs. Puis vient le tour de la divine douche. Prêt pour découvrir cette magnifique cité, un plan de Lucca à la main. On est vraiment chanceux à Lucques, very lucky.

*Lucques : Ville de Lucca (prononcez loukka)

Ce 04 septembre ...Béatification de Madre Teresa di Calcutta...

Quelques minutes de fraîcheur matinale à l'intérieur d'une église. Une toile amatrice représentant la nouvelle sainte du jour me ramène trente-trois années en arrière à Calcutta. Flash-back été 84 avec nos rencontres matinales autour de Mère Teresa.

D'Altopasso à San Miniato Alto

Les chemins de Toscane nous mènent d'un beau petit village à un autre beau petit village. Une belle piazza, de jolies rues pittoresques, un glacier, des bars qui rassemblent toutes les générations.

Arrivé à San Miniato Alto vraiment assoiffé, c'est justement dans un vieux bar que je viens m'abreuver d'un litre d'eau pétillante. Plus d'une heure que je cherche l'hospitale del pelegrino, avec un nom de rue inconnu des habitants !

Le barman m'indique précisément ce lieu « bed and breakfast » comme il dit. Une étroite ruelle qui descend à pic au milieu de nulle part et nous y voilà. Aucune indication car c'est un particulier qui laisse à disposition sa grande et ancienne maison. Une immense pièce en entrant, coin cuisine à gauche, canapés à droite, anciens abreuvoirs à chevaux au fond, plafonds voutés en briques à quatre mètres de hauteur. Au premier étage, un divan, une bibliothèque, une grande télévision et des piles de cassettes vidéo VHS de dessins animés.

Au second étage, deux grandes chambres avec lits simples et superposés, matelas confortables. Au centre, une vaste salle de bain. Un mélange d'atmosphère médiévale et années quatre-vingts, du temps où la famille de cinq enfants vivait ici à temps plein.

Pierra, une hospitalière bénévole m'accueille en un bon français. Elle propose de préparer le repas. Ce soir, ce sont huit Italien(ne)s et moi-même qui sont réunis autour de la table.

Le lendemain, nous nous retrouvons à nouveau pour le petit déjeuner préparé par Pierra. Puis les pèlerins reprennent le chemin. Grazie mille Pierra.

Bagdad Café**

Etape de quarante kilomètres vers San Gimignano pour une journée de pause près de ce village aux quatorze tours. Peu avant l'arrivée, beau panorama "carte postale" sur le haut de la colline. Mais la journée de pause-visite n'aura pas la mention monastique avec ses ruelles de magasins "produits typiques" et ses bus qui amènent un flux continu de touristes.

Le lendemain, je retrouve ma vie de pèlerin. Sur le chemin, je me nourris de nombreuses figues, d'un peu de raisin. Je mâche un peu de romarin. Quelques pommes, quelques mûres et de l'eau fraîche à la fontaine.

Je me pose au calme dans une ostello donativo près d'une abbaye à Abbadia a Isola. Pas vraiment de village, juste un bar en face, posé au bord de la route.

Il propose aussi bien de l'essence avec ses trois pompes qui encadrent la porte d'entrée, que la boisson pour les gens de passage. Le pèlerin glaneur de fruits que je suis, commande

« Una birra alla spina* »

Assis sur une chaise monobloc plastique vert devant le cahier journal sur la table circulaire, c'est le temps de rédiger l'anecdote du jour. Une mamie assise à mes côtés, quelques Italiens en discussions animées, quelques voitures venues se faire servir du carburant, radio "tubes italiens ", ambiance flottante au milieu de nulle-part.

Bientôt le spectacle musical à la "Bagdad café**" ?

* « Une bière pression »
**Film franco-allemand (1987)

Rupture de Sienne

Pour marcher vers Sienne, le pèlerin se risque sur d'étroites routes goudronnées. Au secours, je suis piéton. Siena semble s'annoncer tout au loin. Je ne suis pourtant pas encore au bout de mes fins. Au fil des maisons, une chaîne de chiens aboie sur le pèlerin. Arrivé en fin de matinée pour prendre le temps de visiter Siena au « passé glorieux ».

D'abord se poser au gîte au deux-via Roma. La porte s'ouvre et je laisse mon sac dans un coin discret de la cuisine. Mais « pas de place pour ce soir » m'annonce une sœur matrone, grosses lunettes sur le nez avec dans les mains un gros cahier. « Un groupe de treize a réservé pour ce soir ». J'insiste : « Même pas une petite place pour un tapis dans un coin ? » Eh non ! C'est bizarre, chaque jour je n'ai vu que trois ou quatre pèlerins sur la Via. La crédantiale aurait-elle perdu sa fonction de passeport spécial ? La visite se poursuit donc, sac sur le dos.

Et voici la vaste piazza del Campo
Les restos sont bondés et l'argent coule à flot
Ruelles sombres et groupes armés d'appareils photo
La ville exploite ses pallazios de Pinocchio
Chaque entrée vous prélèvera quelques euros
La tente est en bas du sac
Je suis libre pour un bivouac
Je quitte la ville de Sienne
Pas question que j'y revienne

Chemins de traverse

De Buonconvento…

Après le bivouac de Cuna, le chemin me conduit vers une pause "bar connecté" à Ponte d'Arbia. J'arrive au village de briques rouges de Buonconvento, mais pas de gîte.
On m'indique qu'il y a un hôtel "prix pèlerin" pour trente euros. C'est au-delà de ma fourchette de zéro à dix euros et du principe que je me suis fixé ! Un jeune veut bien me reconduire à Ponte d'Arbia à cinq kilomètres retour. Pas très motivant !
« Ah mais si vous avez une tente, près d'ici, il y a une grande fête où toute la Toscane se réunit. » Je suis o.k., pourquoi pas un bain populaire toscanais. Alors en voiture.
Un champ accueille camping-car et motards. Quelques centaines de tentes s'installent. Sur une estrade, un groupe accorde les guitares. Dans un immense bâtiment, des tireuses à bière commencent à s'actionner, deux cents choix proposés. Le temps d'un week-end s'est installé le « villagio della birra ».

… à San'Antimo

Ce matin, je quitte la V F pour me diriger vers le monastère de San'Antimo. La pente est rude à travers les belles vignes qui me mènent vers le village haut perché de Montalcino. Au vu des nombreuses voitures visiteuses, Mercedes et BMW, je devine que le cru est de qualité. J'apprends qu'il s'agit du Brunello et du Chianti Classico.
J'aperçois l'abbaye de San'Antimo. Cinq cents mètres plus loin, personne à l'ostello, mais merci de laisser ouvert cette grande pièce avec lits superposés et douches.

Le lendemain : jour de pause

Au petit matin, je participe aux laudes avec deux moines seulement. Le lever de soleil progresse à travers le vitrail gauche. Je mesure la chance d'être ici.

Retour au Tabor Ostello où je n'ai toujours croisé personne. Temps du second petit déjeuner Douche, lessive, séchage de tente. Rester propre et en forme.

Temps calme, ressourçant... Grazie mille.

Temps du midi pour la visite du mignon village de Castelnuevo dell'Abatte, perché plus haut. Je passe par le parking de visiteurs devant l'abbaye : surprenant, un horodateur en pleine nature ! Plus loin, je vise le book shop, pour un tampon sur la crédantiale et voir quelqu'un.

Lundi, jour de fermeture. Chez les moines, c'est pancarte "privato" et à la célébration, une corde symbolique sépare les deux seuls moines de la petite assistance.

Après-midi avec le programme repas, sieste et écritures. Messe de fin journée pour me remplir de ces ondes monastiques. Retour Ostello et repas pasta... 20h30... vers une douce nuit car demain neuf heures de marche au moins.

12/09 (au soir)

L'habit ne fait pas le moine

Vers 20h, j'entends une dame qui appelle Maria ? « Ma aaaria ? » J'ouvre la porte et me présente comme pèlerin français. Sa colère est immédiate. Elle hurle tout en marchant dans tous les sens. J'essaie de lui expliquer que c'était ouvert, que je n'ai vu personne de la journée. Elle me fait monter dans sa voiture et menace de me conduire à la police.

Une barrière automatique s'ouvre et me voilà à la maison des moines. Je me présente comme pèlerin sur la Francigena. « Mais vous n'êtes pas sur la Via Francigena, c'est violation de propriété privée ; ici il faut téléphoner et réserver » me dit le moine d'un ton courroucé.

« Dehors ! Vous avez dix minutes pour ranger vos affaires, on ne veut pas de vous ici. »

21h30 - Nuit noire, expulsé. L'habit ne fait pas le moine et ici le "moine" ne fait pas l'accueil.

22h15 – Bivouac en bord de route, bonne expérience, aucun doute.

Mais surtout :
13/09 Accueil donativo, simple, sincère et ressourçant à la paroisse Santa Croce, padre de 92 ans (à Abbadia San Salvatore).

14/09 Accueil donativo à la Casa del Pelegrino, paroisse de San Rocco (à Acquapendente).

15/09 Accueil de qualité à la Casa di Preghiera, maison en autogestion par le groupe scout local (à Santa Cristina au bord du lac Bolsena). Etc. sur les supers accueils tout au long du Chemin.

Région du Lazzio et sa capitale Roma, en 10 étapes. Au nord, quelques lacs volcaniques, clin d'œil à l'Auvergne. Le surnom de la ville ''éternelle'' donné à Roma, le Vatican et ses mystères.

Le testimonium et le diplôme de Rome

Acquapendente est le premier village à accueillir le pèlerin dans cette nouvelle région du Lazzio. Je suis intrigué par ce nom car le joyau touristique de Pise se prénomme évidemment « La torre pendente ». Mais ici, pas d'explication sur cette "eau penchée" ? Arrivé et accueilli à la casa del pelegrino, j'apprécie ensuite ces moments de visite en mode tong et sac léger. A la basilique du Saint-Sépulcre au bout du village, je reste ébahi par son sous-sol et sa crypte du Xème siècle. Je descends quelques marches, magnifique reproduction du Saint- Sépulcre de Jérusalem. Peu à peu, les yeux s'habituent à la pénombre. Trois personnages "grandeur nature" apparaissent. En terre cuite, je tapote pour vérifier, quand même. Jésus dans son linceul, porté par deux femmes.

Le village d'Acquapendente se situe à cent cinquante kilomètres à pied de Rome. C'est la distance minimale qui permet d'obtenir le testimonium, cette attestation, presqu'un diplôme, qui fait de vous un véritable pèlerin romieu.

Avec cent kilomètres de train, est-ce que j'ai deux points de moins ? Vous n'oublierez pas tout en haut d'inscrire mention "San'Antimo"

15/09

« La personne qui n'est pas en paix avec elle-même, sera en guerre avec le monde entier »   Gandhi

Pause café-croissants et la phrase du jour inscrite sur le tableau du bar.

Immacolata-Franco et Offerta-Donativo

Depuis le lac de Bolsena et le village de Santa Cristina, courte étape sous une pluie matinale. L'occasion de sortir la cape et parcourir sereinement le chemin à travers la forêt.

A l'entrée du village de Montefascione, la borne annonce « 100 km du tombeau de St Pierre ». Je prends le temps d'une pause pizza du midi à la terrasse abritée d'un bar. Lecture du journal avec les histoires du foot italien et les rencontres internationales du président Matteo Renzi.

Trois quarts d'heure plus tard, je me présente chez l'habitant à la « Domus Peregrini », nom latin de « maison du pèlerin » ; aucune indication officielle car c'est la demeure d'Immacolata et de Franco. Le couple habite le premier étage ; en haut flotte un petit drapeau « PACE » (Paix) et quelques fanions d'inspiration tibétaine.

Le rez-de-chaussée a été aménagé il y a un an pour accueillir les pèlerins.

Après de nombreuses expériences de camino sur Santiago et sur la V F depuis Canterbury, les propriétaires sont aussi hospitaliers. L'après-midi est appréciée, bien à l'abri de la pluie. Tampon sur la crédancial* avec la marque des hobos**.

Le nom de « Domus Peregrini » reprend la racine latine. La volonté de donner du SENS à la démarche du chemin est puissante en ce lieu.

Le repas préparé par Franco est partagé avec trois Italiens cyclistes et un couple hollandais. L'italien-anglais-français circule sur une discussion autour du chemin.

Le couple m'informe que Montefascione et sa borne cent constituent un point de départ pour le testimonium. Je croyais cent-cinquante ?

Les échanges s'orientent ensuite sur cette valeur d'offerta. Un lieu est entretenu, un repas peut être prévu, des hospitaliers accueillent. Aucun tarif ni de facture. En fonction de ses moyens, de son vécu ici et d'autres critères personnels, le pèlerin laisse une somme dans une boîte anonyme. Le lieu continuera à vivre pour les suivants.

Merci pour cette petite oasis de paix.

Grazie mille Immacolata et Franco pour cet accueil donativo.

*Crédancial (ou credancial) = Carnet du pèlerin, marqué du tampon de l'étape du jour.

Hobos : un peu d'histoire… et d'actualité

Le terme « HOBO » est lié à la réalité historique des États-Unis et ses vagabonds voyageurs.

Crise majeure en 1873 quand trois millions d'individus se retrouvent au chômage. Privés de domicile, ils vont parcourir les routes d'Est en Ouest, à pied et en train, à la recherche de travaux saisonniers. Le mouvement se maintient au fil des crises jusqu'en 1930. Sur les chemins, les hobos vont

dessiner à la craie ou au charbon de nombreux symboles. Ceux-ci permettent de mettre en garde et d'informer les autres hobos sur l'hospitalité des habitants, les endroits dangereux, les astuces pour attraper un train etc.

C'est le "guide du routard" enrobé d'humanisme. La solidarité est de mise, tout comme le besoin de passer un savoir.

Aujourd'hui, les hobos modernes ont de nouvelles raisons de se lancer sur les chemins, en suivant de nouveaux symboles, panneaux indicateurs et guides. Ils cherchent à se rapprocher de la nature, à fuir les conflits familiaux et professionnels ou s'éloigner des contraintes de la vie sédentaire.

*Explications des signes hobos :

Ligne 1 (un homme de mauvaise humeur vit ici ; aller par là ; garder le silence)

Ligne 2 (Crime commis ici. Pas en sécurité ; bon endroit pour attraper un train ; une femme gentille vit ici. Racontez une triste histoire)

Ligne 3 (Il y a des voleurs dans le coin ; routes en mauvaises états. Plein d'autres hobos ; le propriétaire est à l'intérieur)

Ligne 4 (Les autorités ici sont en alerte ; bonne route à suivre ; une gentille dame vit ici)

18/09

Dernier bivouac avec vue sur lac

…de Braciano, à cinquante kilomètres de Rome. C'est du "hors chemin".
A peine installé, c'est un orage qui s'annonce, celui du genre où l'on compte 1…2 Waouff… 1…2, toujours là à six kilomètres maximum.
Une heure de grosse pluie, de tonnerre et de vent. Décidément le hors chemin ne me réussit pas. Mais au matin, c'est la magnifique récompense du soleil et de la vue sur le lac.

20/09

La Storta, ville de vingt mille habitants, j'entre en banlieue de la capitale. Demain, je suis à Rome ! Dans mon vieux guide page 188, il est écrit : « … il est possible de prendre le train à la station La Storta, direction San Pietro (Départ toutes les 15 minutes) … » C'est comme proposer à un marathonien de le conduire en voiture pour ses six cents derniers mètres !

O Place St Pierre

Fleuve
Tibre

Point-virgule

Il n'y a pas de fin à ce chemin, pas de point. Rome sera l'aboutissement du projet, une pause, comme une virgule. En tournant la carte du Vatican sur la droite, je vois la place San Pietro comme un point minuscule et le fleuve Tibre comme une immense virgule. Alors oui, le point-virgule me va bien pour terminer ce récit. J'ai pris le temps de me retrouver avec moi-même. J'ai marché seul, mais j'ai emmené beaucoup de monde avec moi. Ces vingt kilomètres vont se dérouler très vite, avec la belle surprise de traverser un parc naturel, l'Insugherata.

Chemin nature sur le Monte Mario et vue panoramique sur la ville éternelle. C'est avec un pèlerin allemand, Marcus, que nous partageons ces derniers moments de cheminement.

Bientôt la basilique San Pietro se dégage à travers les arbres.

Arrivés en ville, encore une bonne heure pour rejoindre ce point-virgule.

Ces centaines et centaines de kilomètres, ces quelques dizaines de journées de marche, le SENS que j'ai voulu imprimer au Chemin, ses galères et ses bonnes surprises, ce "non statut" de pèlerin, ces intentions, les proches, la famille. Tout se concentre vers ce minuscule point. Nous arrivons vers le musée du Vatican, des centaines de mètres de file d'attente de touristes devant la prestigieuse entrée.

Nous sommes à contre-courant d'une foule venue ce mercredi, assister à l'audience du pape François. Sur notre droite, la piazza San Pietro. Aucun mot à ajouter ; si ;

GRAZIE MILLE, MERCI INFINIMENT

---- Fin du premier volet du triptyque ----

La Via Francigena en 2032 ?

C'est un "chemin en devenir". Belle formule. Plus de la moitié du parcours se déroule sur le goudron, autocollants V F et cyclo V F posés sur les piquets de panneaux routiers.
De nombreuses fois, pas d'autre solution que de se mettre sur la voie voitures-camions. Des aménagements sécurisés sont réalisés sur la fin en Toscane et surtout dans le Lazzio. Á l'arrivée dans cette dernière région, des tas d'ordures sont souvent dispersés dans la nature et à l'approche des villes. Le recyclage des déchets s'impose au nord, un exemple à transmettre au sud du pays.

Tous ces points faibles peuvent s'améliorer d'ici 2032. Négocier avec les agriculteurs et les communes pour aménager un véritable chemin, quelques tables, des panneaux explicatifs... Mais le point faible majeur me semble être ces milliers de chiens qui aboient en continu d'Aosta à la Storta.
La Via Francigena pourra-t-elle devenir un chemin paisible ?
Traverser l'Italie sur mille kilomètres, des Alpes à Rome, reste une aventure magnifique, à pied. L'accueil des villageois se montre sincère. De nombreuses petites villes jalonnent la Via et permettent de casser la solitude du pèlerin. Les pauses café rechargent le marcheur et la renommée mondiale des glaces italiennes n'est plus à faire ! De nombreuses fontaines jalonnent le chemin, de nouvelles sont installées par les communes. Des "ostello" ouvrent, même à Sienne ! Un réseau d'hospitaliers prend forme, sur le modèle de Compostelle. Rome tente de retrouver son statut de pèlerinage originel.

Je fais le vœu que d'ici 2032
Qu'il pérégrine de plus en plus de romieux

Chemins sabbatiques...
En Inde du sud

1ᵉʳ octobre au 15 novembre : *retour maison*

Quel bonheur de retrouver ma femme et ma petite famille, au fil des jours et des semaines.

J'apprécie chaque journée, les rencontres avec les ami(e)s et les collègues.

J'apprécie de jardiner, récolter les fruits, cuisiner, courir de longues distances.

J'appréhende déjà les semaines à venir, deux mois en Inde du Sud.

En Inde du Sud ?

Quelques-uns (et unes) m'ont demandé où j'allais marcher en Inde... Euuhhh... c'est-à-dire que...

Sens et cohérence me semblent être la base d'un projet, le fil conducteur de chaque jour à vivre. Ce second volet du triptyque exotique mérite quelques explications. J'ai deux minutes, top chrono.

Tout d'abord, la météo de mi- automne et hiver n'incite pas à vivre aisément la marche en Europe. Saint-Jacques est en veilleuse, à allumer en début de printemps.

Ensuite, c'est la séquence "souvenirs". En 1980 avec 2 ami(e)s, j'ai vécu ma première expérience de l'Inde. Inoubliable. " Les voyages forment la jeunesse" n'est pas qu'une expression.

J'y ai aussi des liens familiaux, résonances indiennes depuis mon enfance. C'est encore ce pays qui est à l'origine de la rencontre avec ma femme. Une grande Aventure de notre couple en 1984 : deux mois et demi, dix mille kilomètres de train et bus, à travers le Népal, le nord et le sud de l'Inde.

Le décalage était total à l'époque, un pays hermétique à toute marque étrangère. Á Calcutta, une semaine d'échanges avec Mère Teresa, des réunions en villages, des vaches et des éléphants, les temples hindous, des virées en scooter avec des amis indiens, le Taj Mahal, des rencontres avec la vie des lépreux, des thés au lait, la sublime cuisine indienne… Ah oui, j'avais dit deux minutes.

L'occasion se présente d'y retourner, maintenant.

En route vers l'Inde

Marche du pèlerin et le bain indien

Partant à pied de la maison grayloise un matin, vingt-quatre heures du pèlerin le mèneront... juste avant Besançon, à quarante kilomètres.

Vingt-quatre heures avec le TGV et Air India, c'est la plongée dans le grand bain indien.

À Bangalore, sortie d'aéroport, à l'ambiance feutrée et policée. Je vise un taxi Toyota blanc et son chauffeur pas trop causant. 22°C, fin d'après-midi, température agréable avec mon blouson sous le bras et le bonnet de laine en poche. Une heure de trajet pour observer et écouter. Retour après trente-deux ans, c'est aussi un voyage dans le temps.

Entre nous, je me mettrais bien en mode "autruche", la tête entre les deux pieds, est-ce une bonne idée, ce nouveau projet ? Une publicité Décathlon sur un grand panneau me surprend, puis une affiche de l'I phone 7. Des voitures Tata indiennes, mais aussi Susuki, Renault et Toyota. A l'approche de la ville, les klaxons font la fête, les autos rickshaws jaunes et noirs butinent à droite et à gauche, des dizaines de petites échoppes longent la rue. La route se rétrécit et voici les premières vaches au milieu de tout ce foutoir fluide, ces sacrées vaches.

La nuit tombe, je suis accueilli avec cœur par les sœurs de Saint-Charles. Le calme, un thé, un bon repas et une grande chambre. Merci vraiment.

Boussole et tourbillon

Premier jour, timide sortie de trois heures dans les environs du quartier nord de Lingarajapuram : boulevard avec intense trafic de voitures-motos-scooters et auto rickshaws, klaxons à tue-tête, détritus sur les trottoirs, des vaches qui déambulent, des chiens endormis, des Indiennes en sari derrière leurs étals de fruits, des femmes voilées ou en tchador. Aujourd'hui, c'est la prise de température du bain.

Le lendemain, je me dirige sud-ouest à la boussole, pour rejoindre le centre à six kilomètres. L'artère principale "Mahatma Gandhi road" est surmontée d'un colossal métro béton aérien, quelques luxueux magasins et même un "Mac Do indien". Passage au grand marché du city market. J'adore le bain de foule au cœur de ces couleurs fruits-légumes-fleurs et de ces odeurs d'encens et de jasmin. Les yeux, le nez et les pieds pour voyager. Dans le bain indien, je ressens l'effet du jacuzzi, l'impression d'être au cœur d'un tourbillon.

«Oh, a french man, vegetarian !?* »

L'accueil chez les sœurs de St-Charles m'offre des soirées calmes et d'échanges sur la vie du pays. Les klaxons en délire ne sont plus qu'un bruit de fond. Je reste intrigué par les appels de la mosquée, celui de vingt heures, et surtout celui de cinq heures du mat, plus efficace que le coq.

Le premier repas du soir, invité en priorité, est servi avec du poulet. J'explique que je ne mange pas de viande. « Oh, un français, végétarien !? »*

Le vingt heures à vingt et une heures

Ce dimanche soir, ce sont les actualités à la télé à vingt et une heure. L'info défile à une vitesse vertigineuse. L'écran est partagé en trois : l'image principale qui occupe les deux tiers, un complément de photos sur la droite et un bandeau défilant sur le bas pour rappeler en boucle d'autres informations. La télé délivre aussi son tourbillon.

Ce soir, plus de cent-cinquante personnes sont mortes dans leur sommeil à deux heures du matin. Vers Patna, nord-est du pays, dans un accident de train, le plus grave depuis sept ans.

Arts et métiers

Du samedi au lundi, je vais dérouler trente-cinq kilomètres à pied, à travers les rues et ruelles des différents quartiers de Bengaluru.

Je m'habitue à croiser des vaches, bien à l'aise au milieu de la circulation. L'une d'entre elle passe sa tête à l'intérieur d'un magasin de saris, une autre se fait servir de l'eau à l'entrée d'une maison.

Les yeux et oreilles du marcheur sont surtout attirés par cette extraordinaire animation des rues et plus que tout, par les innombrables métiers : le tailleur et sa machine à coudre sur le trottoir, le réparateur de sandales ou de chambre à air, le repasseur de linge, le rémouleur pour ciseaux-couteaux, le moulin de canne à sucre et son jus avec citron-gingembre.

C'est aussi à petite échelle, un thermos posé sur le vélo, proposant un peu de thé, et à micro échelle, une marchande et son bol de cacahuètes. Un peu d'art floral aussi avec ces mètres

de guirlandes de jasmin et d'œillets... d'Inde. Et pourquoi ne pas consulter son avenir par le tarot ?
Ici pas de Pôle Emploi, mais beaucoup d'arts et de métiers.

<u>Mardi 22/11 au Lundi 28/11</u> : Une semaine vers Mysore, 300 km au sud-ouest de Bengaluru.

Les sœurs de St-Charles ont une mission dans le hameau de Sinduvalley (à 30 km de Mysore). Je vais découvrir le fonctionnement d'un petit hôpital où je suis logé, l'accueil des personnes à la rue et le travail social auprès de groupes de femmes.
Ce mardi matin, je visais de prendre un billet de bus pour Pondichéry. On me propose d'accompagner une sœur partant pour Sinduvalley. O.K, je suis le mouvement. Rien n'est vraiment programmé.

<u>L'ascenseur social</u>

Changement radical de milieu de vie avec la visite de quatre villages autour de Nanjugud. C'est par deux réunions de groupements de femmes que je découvre le travail social de l'association "Spandana", menée par Sister Thérèse.
Encens, fleurs et jus de coco pour nous les invités, c'est sûr, ça change de mes débuts de cours de fiscalité. Accueil par un mot d'une responsable, l'occasion pour elle de se former à la prise de parole en public. Une discussion animée s'ensuit sur les bienfaits du groupement :
« J'ai pu apprendre à compter et donc je ne me fais plus avoir sur la gestion de l'argent. »
« Le groupement m'a soutenu et défendu, quand mon mari m'a jetée en dehors de la maison. »
« J'ai pu emprunter de l'argent sur la caisse du groupement et j'ai acheté une vache.

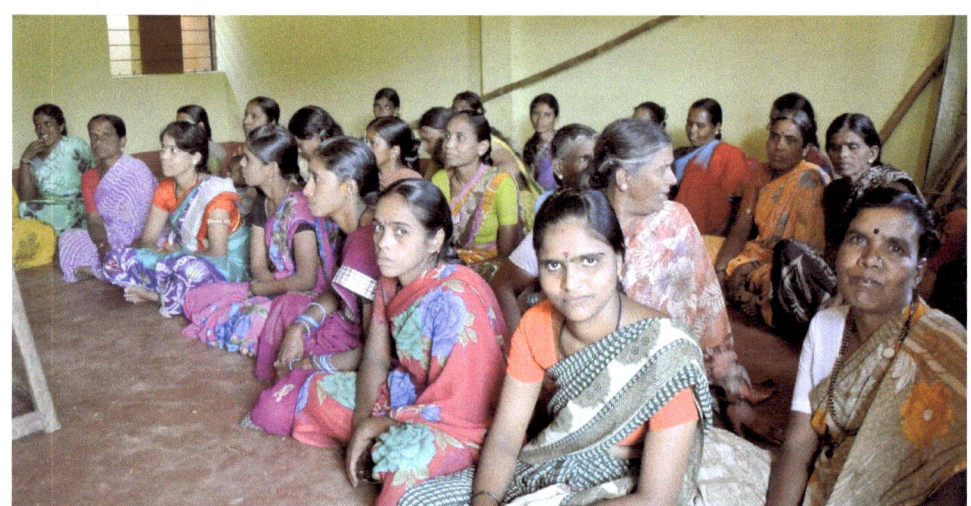

A 2 % au lieu de 20 % chez l'usurier, je rembourse l'argent avec la vente du lait. Je prévois cette année de réparer mon toit. »
Aucune aide ne vient du haut de l'État, pas de sécurité sociale ; c'est en se groupant à la base, que les femmes améliorent leur quotidien et construisent l'Inde de demain.

Le lion et la vache

J'assiste aussi à une réunion d'enfants de huit à douze ans. A travers ce club, ils peuvent exprimer leurs talents, s'entraider pour le travail scolaire.

Filles et garçons veulent devenir policiers, médecins ou ingénieurs. En cours de réunion, un jeu coopératif est proposé. Le groupe forme un cercle, place une fille au centre qui représente la vache. Un garçon est choisi pour être le lion. L'objectif pour lui est de rentrer à l'intérieur du cercle qui restera solidaire.

Débriefing ensuite au calme : que représente le cercle ? Qui est le lion, qui est la vache ?

Bien comprendre l'intérêt du groupement.

Après la réunion, la trentaine d'enfants me fait visiter chaque maison de leur famille. « Namasté » * à tout le monde, ça les fait rire, mes deux mains jointes.

Liesse générale et ambiance de folie à travers tout le village. Au retour, une femme nous offre un thé au lait et des biscuits et me dit : Ici les gens sont pauvres, mais sympathiques »

*Namasté : Geste pour dire bonjour, les deux mains jointes devant la poitrine en s'inclinant légèrement

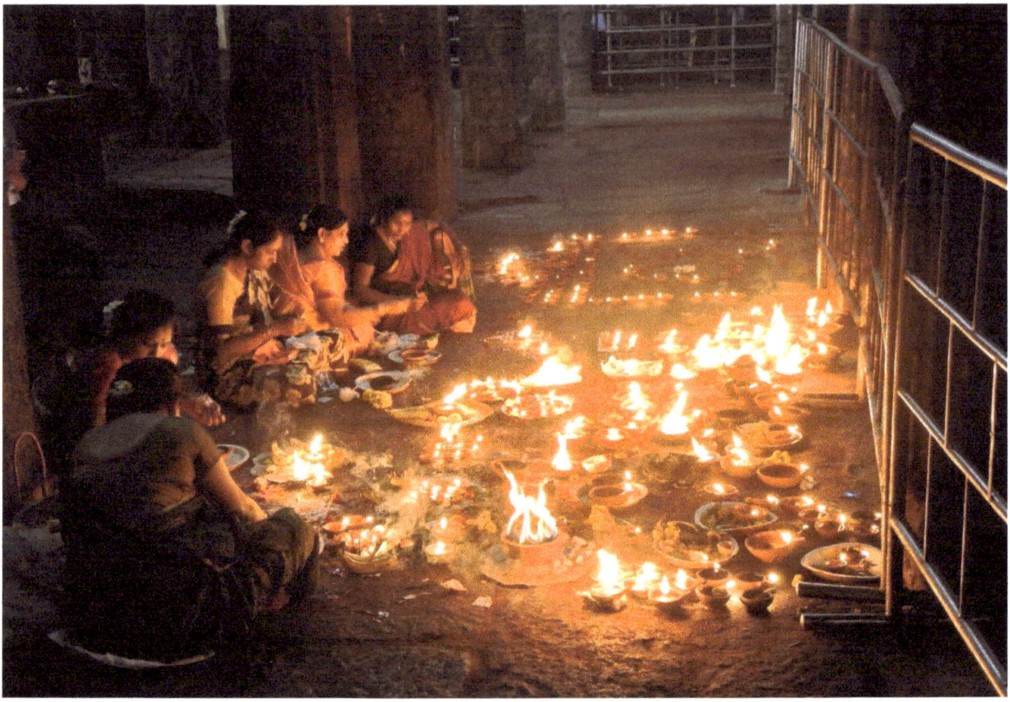

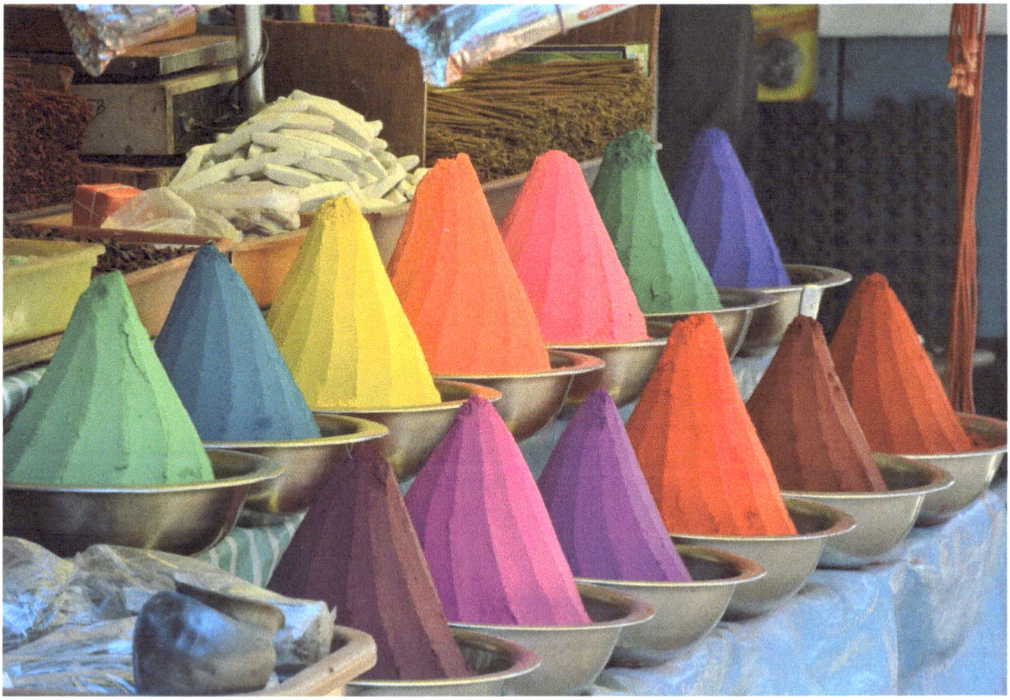

Le mysticisme de l'hindouisme

Fin de matinée, je parcours la rue principale de Nanjugud. Deux jeunes filles de l'association "Spandana" m'accompagnent et un jeune homme vient s'inviter à la promenade.

Au bout de la rue, un magnifique et vaste temple se dresse devant nous. Mes trois acolytes m'indiquent où laisser mes sandales à l'extérieur.

Ambiance sombre, halos de bougies, puits de lumières au centre. Le trio m'explique pour chaque "statut", qui est tel dieu ou déesse, son lien de parenté, son histoire. La découverte intérieure se poursuit au son des petites cloches et des complexes rituels de prières.

Au sein de cette foule imprégnée de dévotion, je me sens à la fois fasciné et tellement étranger à ce flux d'intentions divines.

Derrière le temple est abrité l'éléphant sorti pour les jours de fête. A droite, une statue géante du dieu bleu assis en tailleur. Nous venons de circuler à l'intérieur du temple de Shiva.

Microfinance et macro-aisance

En mode boussole-plan, je découvre sur deux journées la ville de Mysore, virées en mode pédibus. Je suis toujours attiré en priorité par la vie du marché. « Un des plus beaux du sud de l'Inde » d'après le guide du routard.

En plus des encens et huiles essentielles, les cônes de poudres colorées font le bonheur du photographe amateur, déjà enivré par le parfum des colliers de fleurs.

Plus au nord, je passe devant une superbe mosquée, blanc immaculé et vert, couleurs de l'Islam.

À peine plus loin, se dresse la cathédrale Sainte-Philomène avec ses airs de Notre-Dame de Paris. Je reviens au centre en longeant le temple hindou de Kalama. Mixage ou plutôt cohabitation quasi tranquille des trois religions principales.

Un paper masala dosa est au menu du déjeuner, cette fine galette longue de quatre-vingts centimètres avec pomme de terre-légumes épicés à l'intérieur. Vu le monde dans ce resto populaire d'Ajanta, je partage ma table avec une mère et sa fille. Elles m'expliquent qu'elles parlent trois langues, le tamoul maternel, le kannada de cet état du Karnataka et le télugu, avec quelques bases en anglais. Mix des langues et aussi des écritures. Milieu d'après-midi, c'est parti pour la visite touristique du "Mysore palace", le palais du maharadja, entrée à trois euros, prix spécial étranger, soixante cents pour les Indiens. Les sandalettes sont laissées à l'entrée, le visiteur se promène pieds nus sur ces dalles tièdes. Architecture complètement kitch, délire de richesse dans la décoration.

Résurgence de la microfinance des groupes de la veille, la tête vacille dans ce mélange pauvreté-richesse.

Maison de retraite, fin de la traite

Derrière le temple de Sinduvalley, un bâtiment et espace extérieur accueillent un petit troupeau de vaches en fin de "production laitière". Les hommes n'ayant pas le droit de mort sur ces animaux sacrés, elles sont en pension et profitent de leur retraite.

Le temps c'est de l'argent ?

Ce matin, un ingénieur vient proposer les services de sa société pour équiper l'hôpital en panneaux solaires. Le centre de santé abrite un laboratoire d'analyses, une petite salle d'opération et la radiographie. Mais pas d'électricité en journée, à part un générateur qui coûte cher en carburant. Seuls deux panneaux alimentent l'éclairage de nuit.

A la fin de l'entretien, je demande pour me faire déposer près de Mysore où doit me rejoindre Jayaram, un chauffeur de moto. Dans la belle voiture, j'échange avec l'ingénieur sur l'avenir du solaire, les activités de son entreprise. Les panneaux coûtent de moins en moins cher. Le problème principal réside dans la technologie des batteries, le stockage de l'énergie. Il a confiance dans les progrès récents.

Il travaille aussi avec l'Italie et l'Autriche en matière de remontées mécaniques dans les Alpes, un véritable homme d'affaires.

Il me dépose au bord de route où j'attends Jayaram. Nous continuons la discussion près de la voiture. Je le remercie et lui dis qu'il peut repartir, je ne veux pas lui faire perdre son temps.
« Mais vous ne me faites pas perdre mon temps, je discute avec vous. »

Citation d'Amma : *« Le succès d'une vie dépend de la capacité à oublier ce qui n'est pas approprié au moment présent. »*

Positive energy, negative energy

Les sœurs me proposent une moto et son chauffeur, Jayaram. Une journée pour visiter les joyaux des environs de Mysore : à mille mètres d'altitude, Chamundi hill et son temple, son taureau Nandi posé quelques centaines de marches plus bas. J'ai du mal à imaginer en France une quelconque admiration devant un taureau, à moins d'être au concours du salon de l'agriculture. C'est aussi la visite d'un ashram* avec son gourou, passionné de perroquets, des "sculptures en sable", aussi bien des figures religieuses que du Disney ou le père noël. Je commence à bien intégrer le principe du "mix".

En soirée, une foule se presse vers d'immenses jardins au bord de l'eau, Brindavan gardens, ses fontaines colorées à l'éclairage LED et sa chorégraphie aquatique au rythme de l'hymne indien.

Ce matin, devant le temple hindou du dieu Hanounan à la tête de singe, je n'oublierai pas la bienveillante explication d'un fidèle, canne à la main. Avec l'accord du gardien, je teste un selfie devant le temple, avec Jayaram.

« Vous ne savez pas, je vous explique ; ici circule de l'énergie positive et nous n'utilisons pas de mobile véhiculant de l'énergie négative »

*Ashram : signifie "effort intense" et désigne plus particulièrement un lieu consacré à la pratique spirituelle, guidé par un maître, le gourou.

Lundi 28/11 au mercredi 30/11 :
Typou, Tchou Tchou

C'est le Typou express qui me ramène à Bangalore, cent-quarante kilomètres de train en deux heures et trente minutes.

Soixante-quinze roupies soit un euro quarante. Je voyage en classe 2, le minimum.

Pondi... chérie

Cinq jours de visite à Pondichéry. Parfum de nonchalance maritime, un zeste de souvenir colonial français et un nuage de spiritualité issu de l'ashram de sri Aurobindo et sa compagne spirituelle, la "Mère".
Les heures de marche me font découvrir les rues perpendiculaires de la ville côtière. Mahatma Gandhi road et Jawarhal Nehru street, mais aussi la rue Alexandre Dumas et Romain Roland. La longue et calme avenue face à la mer du Bengale fait penser à sa lointaine cousine niçoise de la Promenade des Anglais. Délicieuse atmosphère, ville chérie.

Luther King, John Lennon et Mahatma Gandhi, imaginent un instant un monde en harmonie

« Un rêve »

« Il devrait y avoir quelque part sur Terre, un lieu qu'aucune nation ne pourrait prétendre posséder, où tous les êtres humains de bonne volonté auraient une aspiration sincère, pourraient vivre librement en tant que citoyens du monde et obéir à la seule autorité de la vérité suprême, un lieu de paix, de concorde et d'harmonie »

La Mère – 1972

J'ai l'impression d'un duo Luther King-Lennon mis en musique par la "grande âme" de Gandhi

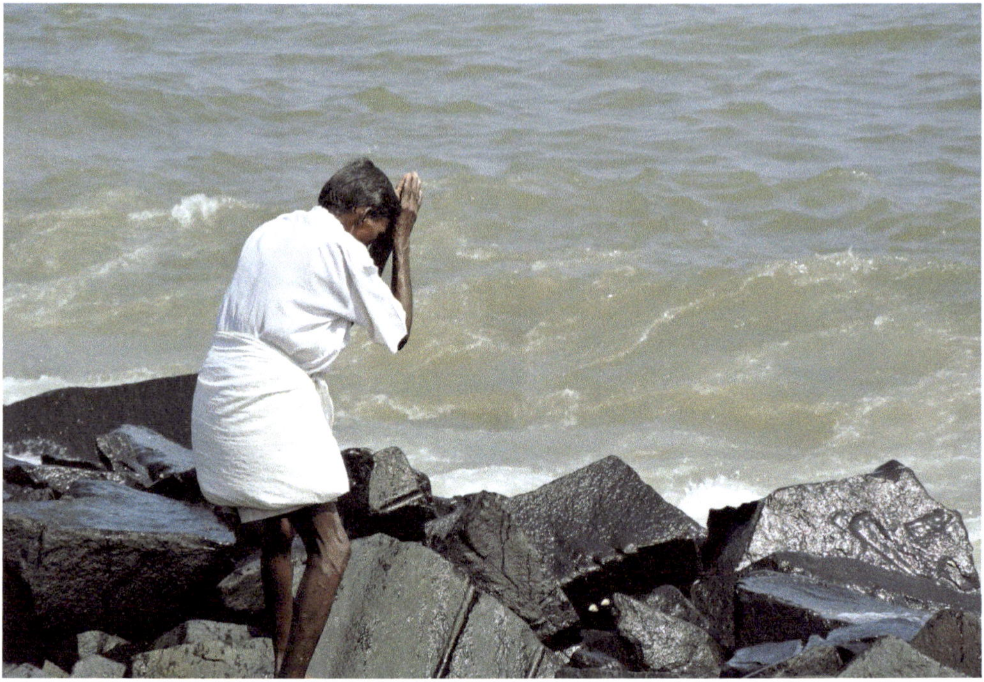

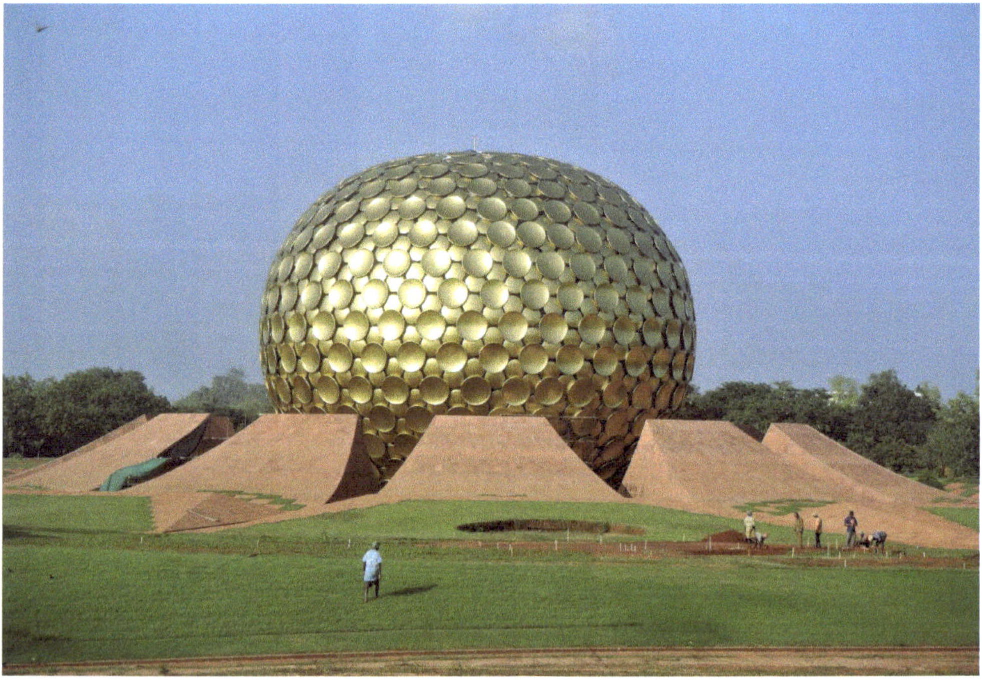

Des paroles et des actes

Ce "quelque part sur Terre" se situe à Auroville, au nord de Pondichéry. Le texte de la "Mère" constitue le fondement de la cité en 1968. Ce vaste village abrite deux-mille-quatre-cents habitants de près de cinquante nationalités. J'y suis passé en 1980, sur un terrain désert et aride. Trente-six années plus tard, deux millions d'arbres ont été plantés, l'eau a été amenée et l'agriculture bio nourrit tout le monde. De nombreuses activités s'y sont développées, de l'artisanat de qualité à la fabrique d'ordinateurs. Plus de quatre mille personnes sont embauchées dans les villages voisins. Bien sûr, le texte de la Mère semble ambitieux, utopique. Les Aurovilliens doutent encore mais agissent. Rien n'est jamais acquis.

La balle au centre

Le samedi après-midi, la curiosité me pousse donc sur les traces d'Auroville d'aujourd'hui. Un peu de marche en nature pour apercevoir au loin cette immense "balle de golf" dorée, centre de la cité.
C'est le matrimandir, qui contient la "chambre intérieure", immense salle de méditation.
Trente-six années de construction entre 1972 et 2008, aucune machine, que des bras et pas mal d'astuces et d'ingénierie, j'imagine.
Le lendemain matin, je découvre l'intérieur. Des rampes circulaires amènent vers la salle au sommet. L'impression de partir pour l'espace. Quelques Aurovilliens vous accueillent en habit blanc, silence absolu, sol tapissé de coton. Douze colonnes de marbre clair entourent en son centre un majestueux globe en

cristal. Depuis une ouverture du haut de la sphère, un puits lumineux irradie cette boule et délivre une lumière blanchâtre, variable selon le passage des nuages.

Quinze minutes d'observation et de méditation dans cet espace grandiose, clair et silencieux. L'impression de se rapprocher de Dieu …

Etat de choc, choc de l'état

Vers 18h, on annonce le décès de la chief minister adorée de l'état du Tamil Nadu. Une demi-heure plus tard, tous les magasins baissent leur rideau de fer. Le lendemain, tout est fermé. Aucune activité, aucun bruit. C'est jour de deuil.

Mercredi 07/12 au mercredi 21/12 :

Je prends le bus pour remonter à 40 km au nord de Pondichéry et séjourner dans les villages de Vellakulam et Karasanur. Je pars visiter les membres de l'association Village Community Development Society (V.C.D.S).

À travers eux, je vais découvrir la vie de village, la culture rurale, un autre rythme. En prenant le temps de la rencontre, je compte m'imprégner au maximum de l'Inde véritable.

À travers la défense des droits des dalits* et des femmes, l'éducation informelle des enfants et l'agriculture durable, je vais partager l'engagement des travailleurs sociaux pour une Inde plus équitable et plus juste.

* Dalits : Les intouchables, ceux qui effectuent les taches "impures". Aucun lien avec le niveau de formation ou de richesse. Il y a des dalits riches et des brahmanes pauvres… où l'inverse.

Sept heures du matin... Vingt-six décembre deux-mille-quatre

Je commence par séjourner une semaine au village de Vellakulam, au sein de la ferme VCDS de quatre hectares.

Dès le premier jour, mon guide-travailleur-social et chauffeur moto Prakash, m'emmène à trente kilomètres à l'est. Nous sommes arrivés au bord de l'Océan Indien.

Les pêcheurs entretiennent les fins filets en nylon, l'atmosphère du village de Marakkanam respire le calme et les ambres marines. Propreté générale de ce lieu aux maisons solides. Face à l'océan, de nombreuses barques colorées sont posés sur un chaud sable fin. Un des bateaux revient avec quelques produits de la mer. Les puissants rouleaux de l'océan viennent s'échouer paisiblement sur la plage.

Difficile d'imaginer qu'au matin du 26-12-2004, l'un des pires tsunamis de l'Histoire allait entraîner des centaines de milliers de sans-abris et détruire la vie.

Bonne nouvelle, j'ai deux ans

Les différentes visites de villages sont ponctuées de pauses culinaires. Une fois bien adapté au pays, un des bonheurs est de découvrir les propositions variées de la cuisine de rue. On vous propose un "en-cas" avec le samosa, chausson triangulaire farci de légumes épicés. Cuits sur plaque, vous emportez des dosas, grandes galettes à base de farine de lentilles et de riz ; ou bien des parothas, en mode feuilleté, véritable spectacle du cuisinier lors de son élaboration. Plus petit et plus simple est le chapati, farine de blé et eau. Ces "pains" s'accompagnent de sauces légumes épicées, ce fameux masala, mélange de plusieurs épices.

Et vu le paysage local, c'est le riz qui s'invite à votre table. Le matin, avec les idlis, gâteaux de riz fermentés, ronds et spongieux, à tremper dans une sauce végétale. De nombreux chutneys, légumes, coco et piments moulinés, accompagnent ces plats.

Quel plaisir de s'asseoir dans un petit restaurant où l'on vous sert le riz sur une demi-feuille de bananier avec du chutney à volonté.

Aucun couvert ni assiette, mangez avec votre main,
J'ai l'impression d'avoir deux ans, le plaisir enfantin

Dialogue de grenouille

- Allo, tite grenouille du Piémont ?
- Ah, buon giorno, pèlerin Vincenzo. Où es-tu ?
- Dans un pays lointain, à l'est, à des millions de sauts de grenouilles. Et toi, toujours tranquille dans ta rizière italienne ?
- Oh oui, il fait frais ici, un peu moins d'insectes en décembre, juste suffisant. Alors je me repose, la dolce vita.
- Je pense à toi, car cette semaine, je vis au milieu des rizières ; mais c'est plutôt sec, le riz a du mal à pousser. Les gens sont inquiets.
- Tu es entouré de beaux paysages ?
- Oui, c'est encore vert, de belles étendues de prairies et rizières, des palmiers et cocotiers. Mais la zone est trouée par l'extraction de pierres de granit. Elles sont

broyées à la machine pour des cailloux et graviers. Les humains les utilisent pour leurs maisons et leurs routes.
- Mais comment on peut extraire de la pierre ?
- Encore une fois, tu ne vas pas me croire. En fin de journée, ils placent des bombes pour faire exploser le sous-sol. Ils creusent jusqu'à soixante mètres jusqu'à l'eau de la nappe, polluée par la chimie. Depuis peu, tous les puits des fermes ont vu leur niveau baisser. Et en surface, les broyeuses de pierres dégagent une poussière mortifère sur des kilomètres.
- C'est comme ton histoire d'aéroport, c'est pour la croissance ?
- En quelque sorte, oui. Paraît-il que c'est interdit, mais les humains politiques ont le pouvoir et la décision.
- Ton histoire, ce n'est pas rigolo. Et quand il n'y aura plus d'eau ?
- J'espère encore une fin d'histoire plus heureuse, une rapide prise de conscience.
- Ben oui, la prochaine fois que tu m'appelles, c'est pour me raconter une histoire plus drôle, hein ?
- Promis, on s'appelle et on se dit QUOAAHH.*

* Le clin d'œil au QOA, magazine du voyage utile qui m'a aiguillé vers l'association VCDS ; petit clin d'œil aussi au film "Bienvenue chez les ch'ti"

Lundi, la pluie

Quoi de plus banal que d'écrire qu'il pleut lundi,
Vers six heures, les premières gouttes annoncent la vie,
Beau spectacle, la surprise, de l'espoir pour le riz

Jeudi 15/12 au mardi 20/12 :
Deuxième semaine avec l'association VCDS à Karasanur, village à 27 km de Pondi, accueilli par Paneer, 38 ans. Ferme de 2 ha, des fruitiers et 3 vaches

Après l'école... l'école

Vers dix-sept heures, Paneer m'emmène à la rencontre d'un groupe d'une quarantaine d'élèves âgés de cinq à treize ans. Dans ce village de dalits, l'association VCDS assure un suivi après l'école, une éducation informelle, genre "suivi scolaire". Trois heures pour les plus grands, un peu moins pour les plus jeunes. Ce groupe est encadré par la jeune institutrice de vingt-six ans, V.Venmathi.

Les questions fusent vers moi : « Tu as combien d'enfants ? », « Est-ce que ton pays est vert ? », « Comment est l'agriculture ? », « Quelles sont les fêtes religieuses ? »

Ils se présentent à leur tour. Ils sont deux ou trois frères et sœurs par famille en général.

Je demande : « Que font-ils après 20h30 ? »

A l'unanimité, ils sont devant la télé pour des séries à l'indienne, des pubs de pizza et de pâtes, nouvel exotisme. Paneer m'explique que le gouvernement a distribué des millions de petits écrans dans chaque famille.

Le jackpot de la dot

Les parents de V.Venmathi nous invitent à manger chez eux. Paneer reste mon traducteur tamoul-anglais. V.Venmathi est l'aînée d'une famille de quatre enfants, sa maman a quarante-deux ans, je vous laisse faire le calcul pour son premier accouchement.

Assis en tailleur, riz et chutney présentés sur feuille de bananier, posés au sol. Les parents, l'oncle, les deux frères et les deux sœurs nous observent. Le même effet que quatorze phares braqués sur un pauvre lapin.

De la main à la bouche, quelques grains de riz se perdent sur le pantalon. Á table, un vrai plaisir ; le repas à terre et les regards fixés sur moi, ça va être plus dur. L'Européen qui veut se faire Indien n'est pas encore né. Allez, je ne fais plus mon fier, je continue à la cuillère. Et puis coupure de courant, noir total.

Trois faisceaux de portables flashent notre feuille de bananier. Juste avant le repas, nous échangions sur le prochain mariage de V.Venmathi.

La fille va quitter sa famille pour celle de son mari. Au cœur de ce mariage, il est question en ce moment de régler cette fameuse dot à apporter à la famille du mari : quatre-vingts grammes d'or, une moto et de l'électroménager, soit l'équivalent de cinq-cent-mille roupies. Un ouvrier gagne de trois à six mille roupies par mois, c'est toute une vie d'épargne et de restriction à consacrer à ce mariage. Bonne nouvelle, je pense, la famille du marié ne demande rien. Gentille famille alors ?

Mais on m'explique que la dot sera versée quand même.

« Sinon ma fille sera mal considérée, subira des violences » me dit son père sur un ton neutre. Va-t-elle poursuivre son travail d'institutrice ? « C'est le mari qui décidera » me répond-t-on.

Le repas se termine avec un petit dessert sucré et une banane, ambiance lumières "mobiles" accompagnées d'une lampe à huile.

Au sein de cette famille, fière de nous accueillir, c'est surtout l'éclairage de leurs yeux et de leurs cœurs qui m'inonde. Après le repas, le père remet officiellement à Paneer puis à moi-même une magnifique invitation au mariage de V.Venmathi.

Ce sera le trois février, minimum cinq cents invités.

Le sens des aiguilles d'une montre

Ce matin, Paneer m'emmène au temple dédié au dieu Mourougua et ses dévotions, car accompagné d'un hindou, la visite s'enrichit d'une autre dimension.

Partout, de mini lampes à huile dansent devant différentes statues. Un prêtre brahmane nous tend une flamme sur un plateau. Nos deux paumes ouvertes "prennent" la lumière pour la porter à nos yeux. La poudre rouge et blanche est posée sur notre front.

Sur les murs sont dessinés des symboles très surprenants. En première vision, ils font penser au signe le plus détestable que l'humanité ait connu sur la terre.

Paneer m'explique que ça n'a rien à voir avec Hitler, c'est tout l'opposé. Cela signifie un monde en paix, toute vie est égale et respectée. En deuxième vision, on remarque que le signe est inversé à celui du nazisme. Toute l'importance du sens des aiguilles d'une montre.

Le futur de la nature

Dimanche après-midi, interview comme on dit ici, du beau-père de Paneer, agriculteur. Jayaball, soixante-deux ans, élancé, aux yeux clairs, cultive deux hectares. C'est la taille d'une ferme pour vivre aisément, c'est-à-dire manger, envoyer ses enfants à l'école, avoir une maison et épargner pour la dot de ses filles. La rotation de cultures produit du riz, du millet, des cacahuètes, des lentilles noires et vertes, quelques bananiers et cocotiers.

S'il avait un puits, il planterait des légumes.

Depuis quinze ans, Jayaball a vu les industriels acheter beaucoup de terres. Ceux-ci les revendent ensuite en petits lots, l'équivalent de vingt-mille euros à l'hectare. Depuis peu, il a planté des "arbres à papier", les cashureena, récoltés en quatre ans. Ce système est soutenu par les industriels et les banques. Cependant, j'ai quelques inquiétudes sur le devenir de ces terres après de telles plantations, type résineux. Il me dit que ça améliore le sol, où est la vérité vraie ?

Je lui demande : « Comment voyez-vous le futur de l'Inde ? »

« Je ne le vois pas paisible, avec le dérèglement de la nature » me répond Jayaball.

Tout près de Dieu

Une nouvelle réunion est prévue en fin d'après-midi, avec un groupe d'enfants et leur professeur "d'école non formelle". Une élève nous montre une séance de yoga, une autre de karaté, d'autres leurs débuts en anglais, tremplin vers un emploi qualifié. Une question m'intrigue, je la pose à leur professeur :

« Mais comment faîtes-vous pour maintenir l'attention et surtout la discipline avec autant d'enfants ? »

« C'est simple. Ici, il y a un ordre croissant de respect : d'abord la mère, ensuite le père, puis l'enseignant, et enfin Dieu »

File indienne

Début novembre, le chef de l'état indien, P.M Modi, décide de mettre fin aux principaux billets de banque, ceux de cinq-cents et mille roupies. Ceux-ci devront être déposés à la banque avant fin décembre. Il s'agit ainsi de lutter contre la corruption et l'argent noir. Panique pour les Indiens car les sommes à déposer au quotidien sont limitées, nombreux sont ceux qui n'ont tout simplement pas de compte en banque.

C'est l'actualité principale de cette fin d'année : la démonétisation.

A la State Bank of India de Mailam, mon cher ami Paneer veut retirer de l'argent. Il est onze heures, mais ce n'est pas possible avant seize heures.

Depuis novembre, devant chaque banque s'organisent d'immenses files indiennes. Sur un mois, avec le soleil et la foule, quatre-vingt-sept personnes sont mortes d'épuisement dans ces files.

Lumière du matin

Chaque matin, peu avant huit heures, je viens rejoindre Paneer dans son petit bureau. Discussion autour de mes nombreuses questions, d'un fait de la veille, du programme de la journée. Un temps de connexion wifi aussi, nos deux portables sont devenus de bons amis.

Au fond du bureau sont posés trois grands posters, emblèmes de ce lieu au travail engagé. A gauche, l'Abbé Pierre, fondateur d'Emmaüs. Je viens de découvrir en Inde que le travail international des chiffonniers est très étendu dans le monde.

A droite, l'image du dieu Mourougua, au visage juvénile, très populaire dans le Tamil Nadu. Enfin au centre, la photo du Docteur Amedkar.

Dans chaque village se dresse une statue d'Amedkar, souvent dorée, le doigt pointé devant. Il est aussi populaire que Gandhi. Ce dalit érudit a rédigé la constitution indienne fin 1949. Il a officiellement supprimé la notion de caste et introduit la notion de quota pour intégrer des dalits au gouvernement, dans l'administration et les grandes écoles.

Le système de caste perdure encore aujourd'hui. Je marche d'un village "dalit" à un autre "non dalit" ; la séparation est nette. Qu'il soit ingénieur ou médecin, l'Indien né dalit, n'a pas les mêmes droits ni la même reconnaissance. L'association VCDS travaille pour une disparition effective de ce système inégalitaire.

Chaque matin, le premier geste du travailleur social de ce bureau est d'allumer une petite mèche à huile devant ces trois personnages hors du commun.

Drone de journée

Dernière journée avec les amis de l'association et la vie de village. Hier soir, une équipe de professionnels en vidéo-photo est arrivée. En deux jours et demi, trois jeunes Français sont missionnés par Emmaüs International pour ramener des images. L'objectif est de réaliser un film de cinq minutes. Ils ciblent les activités des écoles VCDS.

Dix projets internationaux sont retenus et seront présentés sur internet et les réseaux sociaux. Faire ce que l'on dit, mais aussi dire et montrer ce que l'on fait devient indispensable pour la communication des associations.

Le rythme de tournage s'accélère nettement vu le court délai imposé. Ça mitraille, ça tourne dans la bonne humeur.

Interview de professeurs, de parents et des enfants qui expliquent leurs expériences scientifiques.

Mais nul doute que feront partie du mini film, ces images du groupe d'enfants accourant vers l'école, regards en l'air.

Vue aérienne, tournée par la vedette du jour : le drone.

7 h de train et 360 km vers le sud-ouest, ville de Madurai, toujours dans l'état du Tamil Nadu.

Liftier, s'il vous plait

Retour à la vie citadine. Klaxons, pollution, magasins illuminés, restos végétariens et thé au lait. Je mène une douce vie d'hôtel. Dix euros la nuit. Simple, mais avec une particularité, comme au George-V, vous disposez d'un liftier.

Ambiance bureau du "tourism info"

Le bureau du "tourism info" (office du tourisme) me semble être un lieu insolite. Aucune queue, personne, à part l'hôtesse d'accueil. A droite, un canapé noir aussi cuit qu'un chapati. Sur le bureau trône un téléphone à fil du temps de Brejnev. A ma demande d'information sur l'adresse St-Joseph, elle utilise son mobile pour se renseigner auprès d'une collègue. J'ai droit à une carte de Madurai avec quelques noms de rues, j'obtiens mon renseignement et en prime, un joli sourire.

Expérience India-France

Je rencontre une jeune volontaire D.C.C* travaillant six mois avec l'école St-Joseph. Alice propose des cours de français, ainsi qu'une approche artistique aux jeunes filles de six à quinze ans. Le futur de l'Inde se trouve dans ce creuset des classes moyennes et j'espère aussi, des "écoles dalits".

*D.C.C (Délégation Catholique à la Coopération), association d'envoi de volontaires

De Sri Meenakshi à Sainte-Marie

Madurai s'est développé autour de son vaste temple Sri Meenakshi. Six hectares, cinq immenses tours aux milliers de statues colorées.

6h30, le moment idéal pour parcourir, découvrir ce lieu sacré dans le calme.

Les trois premières heures de cette journée se déroulent avec Ganesh, le dieu à tête éléphant, habillé de son dhoti blanc, les neuf statuettes symboles des planètes, les statues de Kali et Shiva. Parfum d'encens, musique et chants, un vingt-quatre décembre étonnant.

De 23h à 2h : les trois dernières heures de la journée se déroulent au sud de Madurai, à l'extérieur de la cathédrale Sainte-Marie.

Une scène grandiose, une puissante sono, des spots, des rangées de chaises plastique jaunes monoblocs, de nombreuses familles assises sur leurs tapis, tout est prêt pour démarrer la messe de minuit.

La messe s'anime avec des chants de style bollywood, un feu d'artifice à minuit et un interminable sermon tamoul de l'évêque. Je vis un Noël pas comme les autres.

Vœux de vie pour la ville

Découverte à pied-boussole-plan des quartiers nord, une vingtaine de kilomètres de marche urbaine. Je traverse un pont de deux cents mètres de long sous lequel coule la rivière Vaigai, réduite à quelques mètres de largeur. Au loin, une immense étendue asséchée sur laquelle viennent brouter quelques vaches, buffles et chèvres.

En amont, un canal draine un filet d'eau au milieu des sacs plastique statiques. Les ruelles croulent sous les déchets et les bouses de vaches. La chaleur active bien cette forte odeur d'égout à ciel ouvert. Nous sommes loin des parfums de jasmins. Des gens, des enfants vivent pourtant là, devant leurs huttes précaires...

Tout au nord, je passe devant une usine fabriquant d'autres matériaux alternatifs au plastique : gobelets en carton, sac en matière végétale.

Partout des affiches avec le vœu de la ville pour cette nouvelle année : « Bannir l'utilisation du plastique, sauver la nature et la vie. »

Á gauche, la mer d'Oman, à droite le canal des back water

Les thés indiens

Celui qui prépare votre thé vous offre aussi un spectacle gratuit.

Marmite de lait sur le feu, thé dans une "chaussette" et sucre au fond du verre. Une demi-tasse déjà, avec la chaussette, puis du lait et un dernier coup de chaussette par-dessus. Enfin, les deux bras allongés pour refroidir, d'une tasse à une autre.

Votre thé au lait est prêt à déguster.

Vendredi 30/12 au mardi 10/01 :

Train de nuit de Madurai vers Kollam, sud-ouest toujours (360 km, 10h). Réveil surprise avec le paysage vert, cocotiers et bananiers, lacs et canaux. Nous sommes dans l'état du Kérala.

Vendredi après-midi : arrivée à l'ashram d'Amritapuri, méditation sur la plage avec Amma et des centaines de personnes face à la mer d'Oman. Chants dévotionnels le soir…

Où suis-je arrivé ?

Samedi 31/12 :

Le darshan du réveillon

Présent à l'ashram pour une dizaine de jours, je compte bien m'imprégner de l'atmosphère du lieu. De nombreux visiteurs n'y passent à cette période que vingt-quatre heures, le temps de recevoir la fameuse étreinte d'Amma. Pour ma part, j'attendrai mercredi, voire une semaine.

En début de soirée, on m'explique que j'ai la possibilité de m'asseoir un moment près d'Amma, j'accepte. Chants indiens aux sons des tambours et instruments à cordes. Ça vibre à tous niveaux. Par hasard, je me retrouve dans la petite file qui mène vers Amma.

Vers vingt heures, elle me murmure quelques mots puissants à l'oreille. C'est ce que l'on nomme le darshan, cette étreinte d'Amour inconditionnelle venant de la Mère.

Trente-sept millions d'hommes et de femmes ont reçu ce darshan.

01/01, vers minuit 30 :

Le soleil ne se lèvera pas à l'Ouest

Extrait des paroles d'Amma exprimées pour la nouvelle année :

« De ce changement d'année peuvent émerger des attentes nouvelles. Libre à nous d'y écrire ce que nous voulons avec des paroles fraîches.

A nous d'élever la conscience pour un monde de paix et d'harmonie. Cette année a été marquée par la crise des réfugiés. Nous devons unir nos efforts pour y faire face.

Chacun de nous possède un potentiel infini. Il convient d'éveiller notre force intérieure. Elle ne viendra pas du mari, de la femme ou d'un proche. Acceptons les évolutions des changements de la vie. Les hauts et les bas font partie de la nature même de la vie. En changeant notre mental, nous pouvons gérer aussi les changements qui se produisent à l'extérieur. Faisons un bon usage du moment présent, exprimons notre gratitude.

Le fait qu'une nouvelle année débute ne signifie pas que le soleil va se lever à l'ouest.

Puisse cette année élargir l'horizon de nos connaissances. »

Se lever de bonheur

Cinq heures du matin, rendez-vous au petit temple de Kalari pour "honorer le divin". Kalari est le lieu de la hutte natale d'Amma.

Plus d'une heure de rituels complexes pour un non-initié, gestes esthétiques, suivis de textes sanskrits encore plus mystérieux pour l'humble visiteur que je suis.

Je ne juge pas, je tente d'élargir mon petit horizon mental !

Dès sept heures et jusque demain treize heures, j'intègre un groupe de trente Français pour une initiation à la méditation.

Le vingt-quatre juillet dernier à l'abbaye d'Acey, au tout premier jour de mon aventure, je méditais comme une huître.

La marche a construit un peu l'intérieur, mais le chemin semble encore long. Ici à Amritapuri, en présence d'Amma, c'est maintenant ou jamais.

Mais pourquoi méditer ?
Pour mieux contrôler le mental, transcender les pensées négatives.

Mais ça prend du temps ? Trente-cinq minutes environ

Mais je ne suis pas croyant ! Pas besoin de croire en Dieu pour méditer, ni de changer de religion

Mais c'est passif et très personnel ? Tout l'inverse, vous gagnez en énergie pour être davantage actif, mieux à l'écoute des autres.

Et c'est quoi l'objectif ? Celui du bonheur éternel.

Recyclage à la plage

A genou sur le sable ce matin, je tiens un gros marteau à la main. J'aplatis des boites de conserves. Réduction de volume pour optimiser le coût du transport.

Les gouttes qui perlent sur mon front me rappellent brièvement qu'ashram signifie "lieu consacré à l'effort".

Les jours précédents, je m'étais contenté de petits services "non officiels", tel l'enfant qui débarrasse la table pour participer un peu à la vie de famille. Mea culpa.

Le lendemain j'intègre un trio au centre de recyclage. L'objectif est de remplacer à trois endroits, la dizaine de poubelles de tri. Nous rapportons le tout sur un grand chariot métallique avec nos petits biceps d'intellos et notre bonne humeur.

Deux heures de service désintéressé, c'est ce que l'on appelle le séva.

Mantra « Lokah Samastah », écho de Francigena

« Om, Lokah, Samastah, Sukhino, Bhavantū. »

C'est le mantra de paix qui signifie :
« Puissent tous les êtres de tous les mondes être heureux. »

10 et 11/01 :
Retour sur Bengaluru par train de nuit (700 km-15h)

12 au 15/01 :
Dernière virée vers Bhadravati (270 km, Nord-ouest de Bengaluru).
Découverte du Nirmala hospital, de l'école d'infirmière (150 élèves) et de l'école primaire et secondaire.

Huit fois quatre fois trois

La directrice de la "St-Charles english primary and high school" me fait visiter son établissement : quatre mille élèves. Différentes phrases jalonnent les couloirs et les bâtiments extérieurs.

« L'éducation a des racines amères, mais son fruit est délicieux » de Aristote.

« Sois le changement que tu veux voir dans le monde » de Gandhi.

« L'éducation est le moyen le plus puissant pour conquérir le monde » de Mandela.

Et aussi de nombreuses citations sur le recyclage des déchets. Ah quand même ! Avec le fameux cercle vertueux du « Réduire, réutiliser, recycler. »
L'an passé, je me pliais encore devant des tableaux à craie et ici les élèves apprennent avec des "smart board", ces tableaux informatiques et tactiles. Mais en entrant dans une classe de lycéens, je ne peux m'empêcher de compter : quatre par table, huit lignes et trois rangées.
Pas d'absent, soit en tout quatre-vingt-seize élèves.

Le thé et l'acier, surprises de journées

Programme de la matinée : balade dans les rues de Bhadravati à l'ambiance bien tranquille d'une petite ville. Quelques photos de l'animation citadine qui intriguent un gentil monsieur. Prendre des clichés de sa rue, mais pourquoi ?

Je m'explique : « Pour l'atmosphère, le mix moto-auto rickshaw-vaches »

« Ah ! Viens, on va prendre un thé, je t'invite » me propose-t-il. Conversation sur ma visite en Inde, un étranger ici, ça lui fait plaisir. Il quitte son travail pour m'emmener en moto et visiter un temple hindou du XIIIème siècle. Puis nous passons par sa maison où il me présente les bulletins de sa fille et quelques photos de la famille. Dans un coin brûle une lampe à huile face à quelques statuettes hindoues.

Ce sont ces moments imprévus du " non-programme" qui font le sel de la journée.

Le lendemain, début d'après-midi.

Quelques minutes d'une sieste réparatrice. Une sœur m'informe qu'un visiteur vient d'arriver avec sa femme. Il désire voir son lieu de naissance, ici, au Nirmala hospital.

Un grand gaillard allemand, blanc, me salue, ainsi que sa femme péruvienne. Il se prénomme Ravi, prénom indien, le soleil. Son père a été ingénieur dans l'industrie de l'acier. Sa mère a accouché à Bhadravati en 1968.

Cela nous donne l'occasion d'aller visiter l'usine d'acier, deux-mille salariés à l'œuvre.

Petit et frêle casque jaune sur la tête, nous découvrons les chaudrons jaunes-rouges en fusion, ces anciennes machines en action et la fabrication de l'acier en barre.

« *Moins on prépare un voyage,*
plus on est disponible pour les rencontres »
Citation de Antoine de Maximy (*Emission France 5 "J'irai dormir chez vous"*)

Après demain, je prendrai le chemin de l'aéroport. Avec ce journal, j'ai pris le temps de confier mes impressions de voyage, les anecdotes à partager ainsi que les rencontres humaines, cultuelles et culturelles.

Au retour, peut-être que quelques-uns (et unes) me demanderont : « Et alors, l'Inde ? »

Par ce système inégalitaire de castes, par la situation de dépendance des femmes, par le poids de la dot,
On peut être révolté, indigné, énervé.

Par ces millions de dieux et déesses, ces mètres de fleurs de jasmin, par l'élégance des saris,
On peut être dépassé, émerveillé, bouche bée.

Par la pauvreté, les tas de déchets, les funérailles hystériques,
On peut être choqué, perturbé, sidéré.

Par ces vaches sacrées, la cuisine épicée, ses thés au lait,
On peut être étonné, intrigué.

Par la destruction de son environnement, par la pollution, par la disparition de l'eau des nappes,
On peut être découragé, inquiet.

Par l'accueil bienveillant des Indiens du sud, par ces sourires radieux des enfants, par ces « namasté » qui viennent du cœur
On peut être touché, bousculé.

POUR TOUT CELA, PAR L'INDE, JE RESTE FASCINÉ ! ?

------------------------ Fin du second volet du triptyque ----------------------

2500 km en train et bus et 250 km pédibus

L'Inde en très bref

Un milliard-trois-cents millions d'habitants soit vingt fois la France, mais une surperficie égale à six fois celle de l'hexagone. Un bébé né toutes les deux secondes ! L'espérance de vie progresse à soixante-six ans.

Le pays s'organise avec un système démocratique fédéral avec vingt-neuf états. Vingt-trois langues officielles sont reconnues dont l'hindi (surtout au nord) et l'anglais. Et autant de formes d'écritures.

Le pays a été colonisé par les Anglais au 19ème siècle juqu'au 15 août 1947. Gandhi a mené son combat pour l'indépendance par la non-violence. Fabriquer soi-même ses vêtements avec le coton local plutôt qu'acheter au marchand colonial va mettre en avant le symbole du rouet.

Cet état d'esprit du "faire soi-même" conduit le développement actuel mais n'empêche pas l'envahissement récent des marques japonaises, USA et les produits "made in China".

Les religions rythment la vie quotidienne, avec l'hindouisme (80%), l'islam (15%) et le christianisme (3%).

L'Inde en 2032

Facile d'imaginer le scénario catastrophe d'une Inde asséchée et polluée. Pour les plus défavorisés, des conflits éclatés sur un territoire reserré.

Nouveau mode de vie et sédentarité menacent le bonheur promis à une classe moyenne qui émerge. Facile d'imaginer les pathologies identiques à celles des pays "riches".

Mais je fais le pari que :

- Le prix du pétrole va tripler, que l'intelligence indienne va innover dans les technologies propres.

- Le recyclage sera intégral et rentable, assuré par des millions de petites mains.

- Le système des castes n'existera plus que dans les livres d'histoire.

Ce pari ne tient que si la femme prend sa place au cœur de la société et des décisions. Des jeunes filles sont formées aujourd'hui. J'imagine une Inde gérée en "bonne mère de famille".

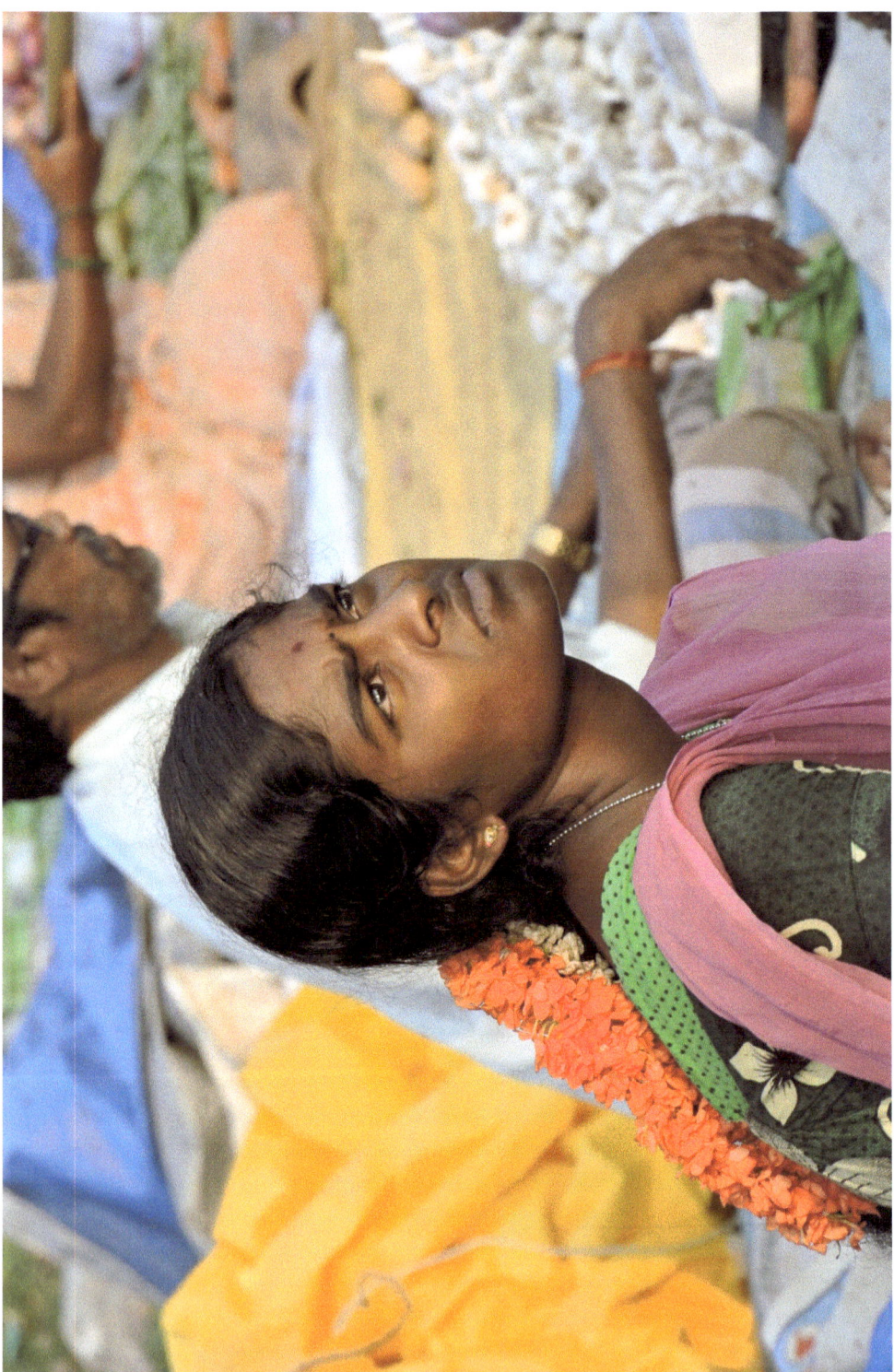

Chemins sabbatiques...
Vers Compostelle et Fatima

Deux mois de transition hivernale et familiale entre l'aventure indienne et celle des chemins de Compostelle. Ayant déja vécu et partagé huit épisodes en famille jusqu'à Santiago*, le virus est bien installé. Le chemin est perfusé. J'ai envie de le vivre sur une seule et longue période en partant de "chez soi". De Gray en Haute-Saône près de Besançon.

Le départ est prévu le vendredi vingt-quatre mars pour quatre mois. Y aura-t-il des obstacles ou événements qui viendront modifier l'objectif géographique ou temporel ?
Une belle diagonale française Nord-Est – Sud-Ouest de Gray à Hendaye en passant par le Puy-en-Velay et les Pyrénées, continuer ensuite sur le chemin du Nord, le long de l'Atlantique en Espagne et descendre enfin plein Sud vers le Portugal.
Apprécier l'instant présent, échanger avec les pèlerins du monde entier, rédiger les anecdotes quotidiennes, confier le chemin à la vie...

*Santiago (de Compostela) : le véritable nom espagnol qui est francisé en Saint-Jacques de Compostelle.
Depuis l'Allemagne jusqu'à Santiago, les chemins sont balisés à l'aide du symbole de la coquille Saint-Jacques, traits jaunes sur fond bleu. Du Puy-en-Velay jusqu'à saint Jean-Pied-de-Port, le chemin est un sentier de Grande Randonnée (G.R 65), balisé en traits rouges et blancs.

Tour de magie à l'abbaye

L'esprit est bien serein ce vendredi matin. Le cœur est léger, pas autant que le sac, prêt dans l'entrée de la maison. Quinze kilos, avec du surplus comme quatre livres, du chocolat à tartiner (équitable !), un pot de "mamba", ce beurre de cacahuète d'Haïti etc...

Le futur pèlerin s'allègera, son dos réclamera une perte de poids. Petit déjeuner d'anniversaire avec ma femme pour fêter notre première rencontre. Bye bye ensuite à ma fille de passage à la maison et photo de départ.

C'est parti, comme une lettre à poster au coin de la rue.

Quelques heures après, me revoilà à l'abbaye d'Acey où je rejoins le chemin du Puy. A l'accueil, un moine accoudé sur son bureau, tape les touches du téléphone filaire : « Allo, frère Benoît. J'ai un Compostelle qui voudrait être logé .»

A six heures de marche de la maison, je suis surpris de cette rapide métamorphose en pèlerin.

25/03

Le primeur d'Acey

Les petites cloches de l'abbaye rythment les quarts d'heure de cette matinée au ciel bleu et au soleil prometteur. Dans la grande salle du bas, un couple vient d'arriver. Leur mission est de préparer le café et les madeleines pour le groupe qui vient ce week end. Me voyant descendre avec mon gros sac, frère Benoît leur explique :

« C'est mon premier Saint-Jacques. »

Telles les premières carottes de printemps, je suis le primeur d'Acey.

La clé de Menotey.

Doté de ce tout neuf statut de pèlerin, je dépasse les premières coquilles du chemin.

Je prends conscience de cette liberté de pouvoir marcher vers le Puy et si possible vers Compostelle puis le Portugal. J'ai provisionné le temps nécessaire et un peu d'argent. Mais l'esprit s'alourdit par le poids du sac, quel débutant !

Le corps et la pensée ne marchent pas encore main dans la main. Heureux d'arriver à Menotey. Des amis m'ont laissé la clef de leur maison dans un endroit secret. Quel plaisir déjà de soulager les épaules et de profiter du charme de cette maison vivante de 1643.

Le lendemain, je partage le petit déjeuner avec les deux habitants du lieu. Idée de ce dimanche matin : pourquoi pas accueillir des pèlerins dans notre grande maison ?

26 et 27/03

Doux décollage par le halage

Troisième étape vers St-Jean-de-Losne. Tout d'abord, itinéraire droit vers le mont Roland dans le Jura, les chemins de halage le long de la Saône et j'arrive au "premier port français en eau intérieure".

Quatrième étape à la "Grange de Saules", bergerie rénovée par des jacquaires. Puis cinq kilomètres aller-retour pour prendre le temps de visiter l'abbaye de Cîteaux.

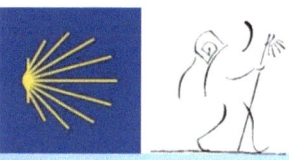

Beaune étape

Jean, un ex Jacquaire V.T.T, peut m'accueillir chez lui. Le rendez-vous est fixé devant les Hospices de Beaune.

Parti seulement vers huit heures vingt pour cause de fraîcheur matinale et du tout récent horaire d'été, c'est à seize heures que j'arrive dans la ville. J'ai marché d'un bon rythme sur trente kilomètres.

Avec l'apéro blanc-griottes, Jean m'informe de trois contacts pour la suite du chemin et m'imprime des cartes IGN. La soirée se déroule autour d'échanges sur le vélo, St-Jacques, les crus des vins de Beaune et ses climats*, la profession de tonnelier de son père, les murs en pierres sèches, la république des "montagnards"**..., accompagné d'un blanc de Beaune, des radis, sa spécialité de pâtes aux girolles et le fromage de Cîteaux.

Un délicieux accueil jacquaire.

*"Climats" : Terroir viticole associant parcelle, cépage et savoir faire, de quelques ares à 40 hectares en Bourgogne. Des noms illustres comme Romanée-Conti, Clos Vougeot, Corton, Chambertin. Depuis 2015, les climats sont inscrits au patrimoine mondial de l'UNESCO.

**"Montagnards" : La Montagne, 100m d'altitude, domine Beaune. Ses habitants gardent les traditions et le folklore, élisent un président, comme la république du Saugeais dans le Doubs.

Just Fontaines

Je déguste cette chance de cheminer à travers les vignobles grands crus : Beaune, Pommard, Volnay, Meursault et Puligny Montrachet. J'observe les hommes et les femmes qui travaillent à replanter certains ceps ou à rabattre la branche sur le fil.

Le futur breuvage prestigieux se prépare dès le mois de mars. « Fruit de la terre et du travail des hommes », le mantra évangélique qui résonne.

La dizaine de kilomètres le long de la "voie verte" du canal du centre me mène au village de Fontaines. Je le connais pour y être allé comme jury d'examen BTS au lycée agricole dans un autre contexte.

Ce soir, j'ouvre la porte de l'accueil St-Just, ancien presbytère. Je me consacre au rituel douche et petite lessive.

« Bienvenue chez toi Vincent » me lance Hervé qui m'accueille. Explication des lieux, tampon sur la crédantiale et carte pour l'étape de demain.

Se levant pour me saluer, je lui pose la question que tout pèlerin attend.

« Vous avez dû aller jusqu'à St-Jacques ? »

Hervé se rassoit d'un coup. Il me raconte son périple en l'an 2000. Le débit s'accélère, ses yeux en mode plein phare et l'émotion s'exprime. « J'avais soixante sept ans en 2000, fais le calcul ».

« J'y suis retourné, pour accompagner des prisonniers d'Yseure, accompagnants et accompagnés sur le même chemin ».

Pèlerin chatelain

Au septième jour, le corps et l'esprit marchent au même rythme, à travers les calmes villages bourguignons ainsi que les hauts et bas des chemins ruraux.

Fin d'après-midi, je descends hors chemin, vers le village de Chenôves. Ce soir, je suis accueilli au château de St-Loup, chambre royale au premier étage.

Rencontre improbable entre le pèlerin de fin d'étape et les propriétaires de ce lieu prestigieux. L'apéro et le repas sont partagés avec un ancien général et son épouse, investis dans la vie locale.

« Vous avez fait votre service militaire ? » me demandent-ils ?

« En fait, j'ai fait mon service national, deux années en Haïti »

Et la discussion se poursuit ouvertement autour du volontariat "Fidesco" au Cameroun et USA, les grèves actuelles en Guyane, une carrière dans l'armée, les vingt-six déménagements, le Vietnam, St-Jacques, le Maroc...

31/03

Jeunesse de Taizé, respect

En début d'après-midi, je quitte la voie verte cyclable pour arriver dans la communauté de Taizé. Des jeunes du monde entier viennent ici pour se rencontrer, échanger et prier, dont beaucoup d'Allemands. La spiritualité et la religion s'abordent facilement dans leur pays. Vous êtes chariés si vous êtes Français. L'obsession de la laïcité tourne souvent à l'antichristianisme .

Des groupes échangent autour de l'amitié islamo-chrétienne ou du revenu universel. La soirée sera portée par les chants des frères et de la jeunesse, assemblée assise à même le sol. Face à nous, des centaines de bougies éclairent un mur de lumière.

02/04

Entre quatre murs et deux couvertures

Passage et pause à Cluny, nouveau départ pour Le Puy. Un livret orange regroupe quelques contacts et infos pratiques sur cette partie.

Fin de matinée de ce dimanche gris et nuageux, je dépose le sac contre les clôtures. Je joue du tactile sur le téléphone, je cherche un abri pour ce soir en frontière du Rhône.

Mon guide "édition 2014" semble bien périmé. Je lance quelques appels. Une jacquaire a vendu sa maison, les sœurs de St-Jean ont quitté le village de Cenves. Ce matin, je constatais la triste fermeture de la boulangerie à Ste-Cécile. Nouvel appel. Á Cenves, le modeste gîte est encore fermé, pas d'eau. J'insiste.

« Est-ce possible de l'ouvrir pour moi. J'ai juste besoin d'un toit et de quatre murs ? »

« OK je vous l'ouvre, on vous accueille »

Trois fromages de chèvre du bas du village s'inviteront au repas dans ce gîte bien rural. Quelques bouilloires d'eau fumante dans un seau d'eau glacée permettront la toilette du pèlerin. Pas envie de concurrencer les boucs du village.

Nuit dans le duvet avec couvertures de survie et de laine.

Caravane sur Mars

Il n'y a pas que Lyon dans le petit département du Rhône. Sur sa partie Nord du haut-Beaujolais, je parcours cinquante kilomètres de chemin en suivant les coquilles. Vallées à moutons et vaches charolaises, mais surtout d'immenses forêts à douglas, le résineux roi du coin. Un homme forme un apprenti à débarder les troncs. L'occasion d'une discussion sur le métier, celui d'entrepreneur de travaux forestiers. Menaces sur l'avenir face "aux gros", aux scieries monstres, à la toute-puissance d'IKEA.

Mon étape d'aujourd'hui me mène en Loire, vers le bar-épicerie "le Cracovie". Le chien aboie, les poules picorent.

Aujourd'hui mardi, unique jour de repos pour les patrons mais Marielle et Jean-Jacques m'accueillent au village de Mars.

Ils proposent de m'héberger dans une caravane donnée il y a très longtemps par des amis. Un petit coin douche-toilettes est proposé à trente mètres. Je confirme, il y a bien de l'eau sur Mars.

Repas à l'intérieur avec du riz-lentilles-pesto et douce soirée lecture à la frontale. Je prépare la couverture de survie sur mon duvet pour anticiper les deux degrés du petit matin.

Ma première nuit sur Mars en tant que pèlerin explorateur.

Chaleureux accueil jacquaire en village de caractère

Les gens du coin m'ont vanté les charmes du prochain village de Saint-Haon-le-Châtel. La veille au téléphone, une dame m'avait situé sa maison jaune aux volets rouges que j'atteins vers midi. Une porte s'ouvre. « Vous mangez avec nous, si vous voulez » me propose la dame, qui me montre ensuite les lieux lumineux pour me reposer.

Cet après-midi, c'est visite de ce village au label "de caractère". Je m'installe deux heures à "l'estaminet" dans une ambiance à la "Marie-Claire*". Lecture et rédaction. Douce soirée échanges-discussions au salon, puis connection aux ondes wifi de la maison. Accueil pèlerin touchant et sincère au cœur de ce village de caractère. Vielen Dank, Annie (professeur d'allemand)

*Marie-Claire Idées : magazine aux rubriques de décorations intérieures, de loisirs créatifs et d'art de vivre.

08/04 et 09/04

Magie de la brume jusqu'au "pain de Plum"

S'il fallait choisir un moment privilégié par le pèlerin, une majorité voterait pour le matin. Plus précisement juste avant et pendant le lever du soleil, une heure d'ondes calmes et positives, propice à la méditation. Ce samedi matin, au départ de St-Jean-St-Maurice, j'admire ce beau spectacle de l'épaisse brume sur l'eau de la Loire. Le donjon se devine à peine, comme revenu au Moyen Âge. L'appareil photo va-t-il pouvoir capturer cette magnifique image matinale ?

Dimanche matin, trente-quatre kilomètres prévus et beaucoup de dénivelé, autant partir tôt, apprécier la journée et ne pas se presser. À 6 h 36, je laisse les clefs dans la boîte aux lettres du gîte de Pommiers. Une nouvelle fois, la brume recouvre l'horizon. La cime des arbres apparaît par endroits. Des fantômes de canards avancent dans la mare. Vers sept heures vingt, le disque orangé apparaît à l'Est. Sept kilomètres plus loin, j'arrive au village de Bussy-Albieux. Le seul commerce ouvert est la boulangerie bio "Le pain de Plum". Première discussion meunière, pain au chocolat apprécié et achat de baguette pour ce midi. Car le disque orangé va bien chauffer. Dimanche cuisson vers Montbrison.

10/04

Rideau de grêle à la Chapelle

Changement de braquet pour cette étape qui grimpe. Départ de Montbrison à 430 m d'altitude pour arriver à la Chapelle-en-Lafaye à 1070 m. Crème solaire sur les bras et le visage, le fameux bronzage pèlerin, avec les mollets exposés en prime aujourd'hui. En mode tee-shirt et short en ce début avril généreux en soleil. L'étape d'aujourd'hui intègre davantage de villages, cinq traversés ce lundi, jour de fermeture des épiceries.
À travers les forêts de résineux, mes narines dégustent cette odeur de pin chaud.
Quelques coups de tonnerre au loin, ambiance des mois de juillet. Plus ça gronde, plus j'accélère le pas. Incroyable comme la fatigue disparaît au son de l'orage.

Je termine en courant, drôle d'allure avec mon sac à dos et mes deux bâtons. J'ai l'impression de me retrouver dans le jeu "Intervilles".

Gîte en vue, la pluie se défoule. Juste le temps de trouver M. Joly qui m'ouvre la porte. À peine assis, la grêle s'abat brutalement. Beau spectacle, derrière la fenêtre.

12/04

Sa majesté capricieuse, A.O.P* légumineuse

Entré en Haute Loire la veille, je m'installe au gîte du Cros, à dix-huit kilomètres du Puy. Lieu d'accueil attenant à la ferme, tenue par le G.A.E.C** « du rayon du soleil. » Au loin, les moutons se repaissent de cette nouvelle herbe du printemps.

Martine, agricultrice, m'explique la dévotion de son mari pour cette culture semée la veille. Finition au rouleau pour une terre bien tassée, car la masse végétale se plaque au sol au moment de la récolte d'été. D'où cette opération de tri entre la graine et les quelques cailloux emportés par cette moisson rasante. Le rendement à l'hectare peut varier de mille kilos à zéro, en fonction des caprices de la météo.

Ici dans la région du Velay,
cette graine tient le rang d'A.O.P*,
l'UNESCO pour les chemins aux coquilles,
la noblesse végétale pour la lentille.

*Appellation d'Origine Protégée
**Groupement Agricole d'Exploitation en Commun

108

Une arrivée comme un départ
journée de pause en Haute Loire

Pour le marcheur, la ville du Puy-en-Velay apparaît d'un coup, à travers un pont voûté en pierre. Image arrondie de la ville dont je profite l'après midi.

Plus précisément dans la rue du cardinal de Polignac, où se trouve le gîte St-Jacques. Michel et Patrice, deux bénévoles "hospitaliers" gèrent l'accueil et le lieu en mode donativo. Après trois semaines de chemin, la journée de pause sera la bienvenue. Mes chaussures viennent de passer le cap des mille-neuf-cents kilomètres, avec des talons sculptés en diagonale. J'avance en mode balancier, allure canard. Leçon d'Achille, je tiens à préserver mes tendons.

Premier point de ce vendredi saint, trouver chaussures à mes pieds.

Puis c'est la visite des sites sacrés de cette cité. Les escaliers forment la particularité commune. St-Michel d'Aiguilhe, chapelle du XIIème siècle haut perchée sur son rocher, la statue de la Vierge rouge, son escalier intérieur et bien sûr les nombreuses marches vers la cathédrale. En fin de journée, je constate que ce lieu est idéal pour les entraînements de trail*.

Le samedi matin du quinze avril, la grille centrale du plancher de la cathédrale s'ouvre et laisse apparaître... des escaliers. Un effet à la Dan Brown. L'envoi des pèlerins est donné à cet endroit. Comme un nouveau départ.

*Trail = course sur chemin de nature

Le lundi de Pâques
vers Aumont-Aubrac

Retour du zéro degré et de la glace en ce lundi de Pâques, départ de Chanaleilles. Six kilomètres plus tard, à mille-trois-cents mètres d'altitude, "j'attérris" au domaine du Sauvage. Je ne trouve pas d'œufs en chocolat, mais un sol tapissé de jonquilles qui frétillent au vent froid sous un magnifique ciel bleu.

Puis une borne m'indique l'entrée en Lozère qui rime avec désert lorsque j'arrive dans le village vide de St-Alban sur Limagnole.

Bravo et félicitations à celles qui bossent aujourd'hui au bar du village et à la boulangerie.

Douce après-midi sous le soleil, chemins de prairies et de forêts. Un lundi de Pâques nature qui me mène au gîte de Romain à Aumont-Aubrac.

18 et 19/04

Ambiance glaciale vers Nasbinals

Il existe une petite région rude et montagneuse qui fascine tous les pèlerins. Une centaine de kilomètres après le Puy, j'arrive dans l'Aubrac avec une montée régulière vers Nasbinals.

Au petit matin, la température s'affiche à moins trois degrés sur le portable de mon collègue pèlerin. En poussant la porte du gîte, je n'étais pas préparé au facteur vent du Nord. Je comprends et j'intègre la notion de température ressentie. Chapeau sur la tête et tour de cou, il ne reste plus que les yeux pour monter vers ce premier village d'entrée en Aveyron : Aubrac !

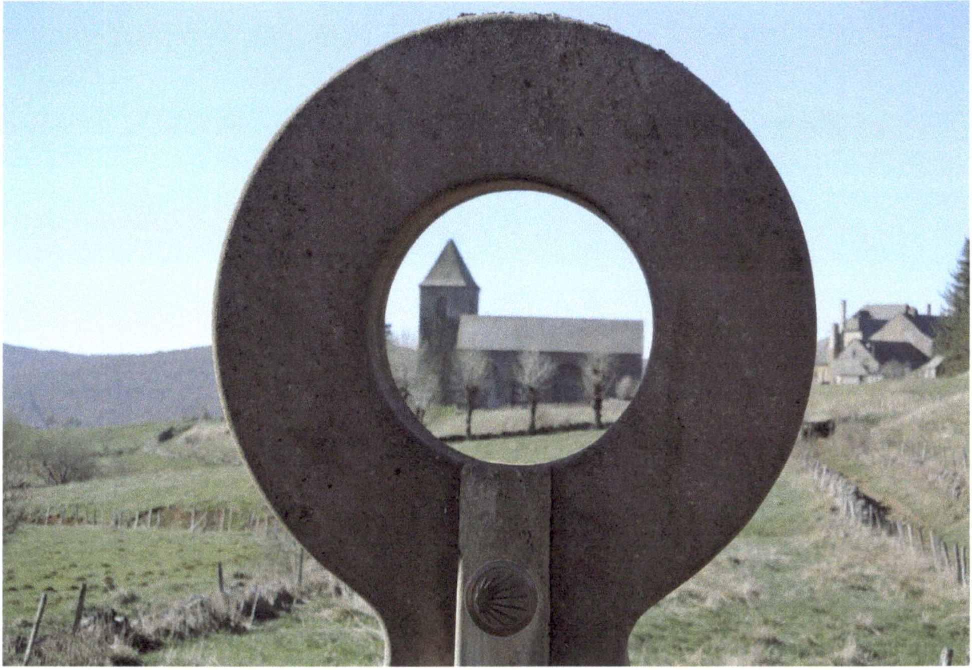

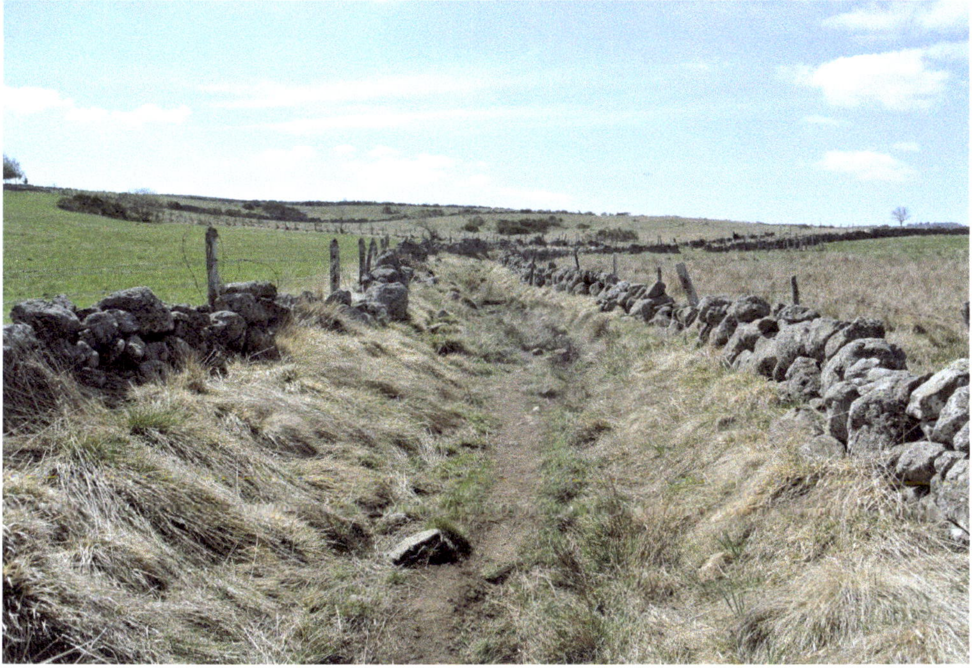

La descente vers St-Chély-d'Aubrac et la vallée du Lot à St-Côme-d'Olt sera synonyme de chaleur et de calme atmosphérique. L'hiver et l'été vécus en une seule journée.

20/04

Petit déj. sur le M.U.L en mode libellule

Ce matin au gîte de l'antidote, les "six pèlerins copains" se retrouvent pour partager un petit déjeuner convivial. Deux dames remontent le chemin en sens inverse avec des mini sacs à dos de moins de sept kilos, tente comprise.
Nous évoquons le vieux campeur de Chambéry et cette peur de manquer qui pèse sur nos esprits. Quels besoins pour le randonneur ? Quel type de matière pour nos vêtements ? Laine naturelle mérinos ou bien matière polyester ? Bientôt quatre semaines de chemin, il faudrait que j'allège mon sac, esprit M.U.L* oblige.

*M.U.L = Marche Ultra-légère

21/04

Havre de paix au petit Soulié

Le Chemin se vit par ce défilé des heures de marche, plat ou dénivelé avec des paysages variés. Puis vient ce moment privilégié où le pèlerin se déleste de son sac sur le sol d'un nouveau lieu, hasard et chance de l'itinérance.
Ce soir, c'est au lieu-dit "Le Soulié", quinze kilomètres avant Conques. Michel nous ouvre les portes de chez lui, jardin fleuri aux parfums de paradis.

Conques

Fin d'après-midi, je me mets à la préparation du repas avec Olivier, huit personnes pour ce soir. En discutant, j'apprends que la compagne d'Olivier est passée chez Amma fin décembre, que Michel a vécu quelques semaines en ashram indien cet hiver, végétarien tout frais de cette expérience ayurvédique. J'utilise et valorise l'épice massala trouvée en cuisine. Au menu, ce sera soupe de Michel puis curry de légumes et tofu.

Touches indiennes, repas extérieur sur soleil couchant, le Soulié. Le chemin se vit aussi à travers ces repas entre inconnus, échanges sincères, regards francs. Privé volontairement de statut, le pèlerin n'a pas à imposer son "JE", ne surrélève pas la voix pour imposer son "MOI".

Moment de paix dans ce petit soulié.

22/04

Résonance du tympan
Ici et maintenant

Sept-cents kilomètres de chemin et voici la récompense d'arriver à Conques, village niché comme au creux d'une coquille. Début de soirée à l'extérieur face à l'abbatiale. Avec un fond d'humour, un frère prémontré nous déroule l'histoire de ce joyau historique du tympan, entre enfer et paradis. La soirée se poursuit à l'intérieur, où ce même frère va animer les touches de l'orgue, puis du piano à queue. Ambiance irréelle, aux airs branchés des années rock'n roll. Adossé à une colonne face aux vitraux modernes de Soulages, je suis ici et maintenant, et en dehors du temps.

Dimanche 23/04

Buon giorno Vincenzo à Livinhac-le-Haut

Du creux de la coquille qu'est Conques, la suite du chemin ne peut être qu'une rude montée. La consigne du jour est d'éviter le GR 65 officiel de St-Jacques. Il nous ferait descendre vers la ville minière de Decazeville pour remonter illico vers Livinhac-le-Haut. « Gaz de ville ? » lapsus de pèlerin que j'entendrai le lendemain.

C'est comme un conseil précieux, presqu'un appel à la désobéissance, mais « vous prendrez le chemin des crêtes par le GR 6. », avis utile de frère Cyril.

À Livinhac-le-haut, quelques chaussures de marche s'alignent le long du trottoir, recyclées en pots de fleurs. Elles nous conduisent vers le biogîte italien "La vita e bella*".

«Tutto bene, Vincenzo ?» me demande monsieur Andréa, le chef d'orchestre de ce lieu insolite. « Va bene » en retour, ça va bien, fier de chanter ma base d'italien. Le repas est pris en commun autour d'une table ovale en bois avec vue sur la petite place du village ; quatre Allemands, une Anglaise, un Luxembourgeois et sa femme française, trois Français et un Italien.

Piano et saxo posés au fond, au dessus le fameux poster de Charlot et l'enfant, assis côte à côte. Andréa, Italien à la Roberto Bénigni, confie être un fan de Chaplin, pour son mélange entre humour et misère, imagé dans « The kid » ou « Les temps modernes. »

"La vie est belle" n'est pas qu'un hasard, mais une phrase mantra de ses parents et du vécu de son enfance. Le symbole du timbre frappé sur notre crédanciale représente le chapeau, la moustache et la canne, avec cette phrase :

« Le rire est le chemin le plus direct entre deux personnes. »

Bientôt le verdict du premier tour des présidentielles en France. Deux portables sont invités à table pour nous informer. Les résultats se chuchotent : Macron *(24 %)*, Le Pen *(21 %)*. « Qui veut du fromage avec la salade ? » Bonne question Andréa.

*La vie est belle

24 et 25/05 Peu après Livinhac, j'entre dans le Lot. Les bories, ces "yourthes" en pierre, les tuiles arrondies des maisons, les chemins de cailloux. Bientôt la région du Quercy, ses noix, ses truffes, ses melons et surtout en avril, ses fraises mûries en pleine terre. Pause-visite d'une journée à Figeac.

27/04

Quelques mots de Pablo

Sur les chemins du Quercy vers St-Jean-de-Laur, des chapelets de coquilles St-Jacques multicolores carillonnent au vent. Ce texte punaisé sur un panneau en bois m'interpelle, un brin agaçant, un poil dérangeant :

« Il meurt lentement, celui qui devient esclave de l'habitude, refaisant tous les jours les mêmes chemins, celui qui ne change jamais de repère, la couleur de ses vêtements ou qui ne parle jamais à un inconnu.

Il meurt lentement celui qui ne change pas de cap lorsqu'il est malheureux au travail ou en amour, ne prend pas de risque pour réaliser ses rêves...Vis maintenant ! risque-toi aujourd'hui ! Agis tout de suite ! Ne te laisse pas mourir maintenant ! Ne te prive pas d'être heureux ! Alors pèlerins allez-y, partez sur le Chemin et ne vous privez pas d'être heureux, car vos pas seront vos mots, le chemin votre chanson, la fatigue votre prière. Et alors le silence vous parlera. »

De Pablo Neruda, poète chilien (Prix Nobel de littérature 1971)

Boîte artisanale et normes postales

Je quitte le gîte du marronnier au centre du village de Varaires pour rejoindre le GR 65. Je repasse devant cette boîte aux lettres, véritable borie miniature que sont ces belles cabanes du Lot, arrondies et en pierres sèches.

J'interpelle la propriétaire de la maison qui ouvre ses volets.

- Bonjour Madame, beau travail que vous avez réalisé là. Je l'ai photographié hier .
- Oh vous savez, notre facteur a bien râlé .
- Comment voulez-vous que je dépose votre colis ? Elle n'est pas aux normes votre boîte aux lettres. » m'a t'il dit.
- Eh facteur ! Comment faisais-tu avant ?
- Eh bien, je montais les déposer chez vous.
- Facteur, je vois que pour déposer notre courrier, tu montes sur la pierre posée devant, tu sais que c'est propriété privée .
- Comment veux-tu que je fasse, je suis bien trop petit.
- Ah, cher Monsieur, je constate que vous aussi, vous n'êtes pas aux normes !

Merci Quercy.

Pause journée à Cahors, le soleil réchauffe le marché du samedi matin. Mes papilles font la fête autour d'une barquette de cinq-cents grammes de fraises du Quercy.

De la perte du GR au repas afrikaner

Menace de grêle cet après-midi, pas de temps à perdre. Mais ce que je vais perdre, c'est la trace du chemin. En tant que chevronné pèlerin, j'avance avec boussole et carte Michelin, mais sur le bord gauche de la route départementale. Car je ne vois plus mes repères rouges et blanc du chemin GR.

Passage au rond-point avec des panneaux électoraux. Couteau à la main, c'est mon quart d'heure Révolution, j'agresse les affiches F.N le Pen.

Et déja le panneau « Montcuq 4 km », étape prévue le lendemain. Je poursuis, je verrai où je m'arrêterai.

Soudain la grosse douche glaciale, un vent violent et ma cape qui protège à peine le pèlerin. Deux kilomètres à très vive allure et une voiture qui s'arrête :

« Annick, je fais gîte, si vous voulez je vous emmène »

Une demi-heure plus tard, j' apprécie la douche chaude et la serviette moelleuse.

Je descend au rez-de-chaussée où se trouve la cuisine d'été.

Ce soir à table, ça semble discuter "hollandais". Deux sœurs et leurs deux amies échangent en afrikans. Google m'apprendra que c'est la langue issue des colons néerlandais venus en Afrique du Sud au XVIIème siècle. Quatres dames afrikaners sur les chemins français !

J'avoue que ma culture de ce coin de l'Afrique se limite à Mandela. Elles m'informent de la corruption et du trafic avec l'actuel Zuma.

01/05

Lot gagnant, beauté du Lot.

Ah, vous voyez comme on peut prononcer différemment deux mots à la même orthographe. Le "Q" de Montcuq se prononce évidemment.

Un groupe de gais lurons se fait prendre en photo, un à un, face au panneau de ce célèbre village. Ils repartent en chantant. C'est le clin d'œil de ce dernier village du Lot.

Chasselas et compagnie, petit paradis des fruits

Hier, je suis entré en Tarn et Garonne en arrivant à Lauzerte. Village classé avec sa belle place carrée pavée et son originalité d'un coin relevé en forme de vague. Efficace pour la mémoire car c'est l'image qui m'est restée de notre passage en 2003.
Le chemin sillonne de nombreux vignobles. Mais rien ne finira en bouteille car je traverse le pays de sa majesté "Chasselas de Moissac", raisin de table et ses nobles sujets que sont la prune (Agen n'est pas loin), la cerise, la pomme, la poire, la fraise (de ce mois), le melon et le kiwi.

Le théorème de St-Jacques : quel chemin après Moissac ?

Le GR 65 vers St-Jean-Pied-de-Port se décline avec de nombreuses variantes aux intérêts divers et intéressés ainsi que des raccourcis plus ou moins intéressants.
De Moissac à Auvillar, c'est soit un chemin agréable, facile et plat, le long du canal latéral, soit un parcours avec de rudes montées mais un point de vue à la clé et la traversée de vergers. Je ne regrette pas cette deuxième option qui m'a fait passer par le village haut perché au nom mignon de Boudou. Du haut de la colline, je contemple la rivière Le Tarn qui se jette dans le fleuve de la Garonne. Je domine ce petit canal latéral et ses péniches posées sur cette voie émeraude. Passant devant les plantations

sur coteaux, je reste perplexe devant ces gros troncs des vieux pieds de kiwis. Ce Qu'il Fallait Démontrer (C Q F D) se vérifie encore avec le philosophe et mathématicien grec qui n'a pas laissé que son fameux théorème : « *Choisis toujours le chemin qui semble le meilleur, même s'il paraît plus difficile : l'habitude le rendra bientôt agréable.*»

Pythagore (de -580 à -495 avant J.C)

04/05

Hospitalité et amour au presbytère de Lectoure

Longue étape à travers champs, au milieu des rangées plastifiées pour les légumes de printemps, je hume le parfum des fraises de mai.

Déjà mille kimomètres cheminés, savourés, endurés. L'arrivée au gîte constitue toujours la surprise de fin de journée, le point virgule de l'itinérance . Coup de sonnette à l'immense presbytère de Lectoure, le seul du chemin encore habité par un prêtre. Il laisse le lieu à disposition pour une dizaine de pèlerins.

Accueil franc de l'hospitalier Christian qui m'explique le fonctionnement du lieu : « les chaussures à côté de l'escalier, ton sac dans un plastique, voici ton lit, là-bas la douche. »

Monique et Christian nous ont préparé un succulent repas servi autour d'une grande table ovale. Ambiance à la "Poudlard"* avec ses plafonds haut perchés et cette dizaine de tableaux anciens aux portraits expressifs des évêques de la ville.

Chant d'entrée, discussions croisées et l'Ultreïa** final après le dessert.

Demain pour nos deux hospitaliers, ce sera nettoyage des lieux, lessive, cuisine, standard téléphonique et ce même accueil bienveillant.

05/05.

Aïe, on nous fait croire que le bonheur c'est d'avoir*

En chemin vers La Romieu, près d'un "alter gîte", je souris à la lecture d'une pancarte :
« Les choses que nous possédons finissent par nous posséder »

*Foules sentimentales d'Alain Souchon

Petite histoire à la Gabarre

Au bord de la rivière à Condom, le gîte de la Gabarre accueille des pèlerins au cœur des chais d'Armagnac, dans une majestueuse bâtisse bien restaurée. Ce soir, nous ne sommes que cinq. Une pèlerine à l'accent du sud m'apprend que durant le week-end à venir, les responsables de cette vaste place vont accueillir quatre-vingts membres d'une même famille.
« C'est une … euh… une cuisinade »

06/05 et 07/05

Traversée du Gers à pleine vitesse

Peu après Auvillar, c'est l'entrée dans le département du Gers au village de St-Antoine. De nombreux agriculteurs laissent du terrain pour ces fameux randonneurs, les pèlerins.
Les champs de maïs et de tournesols viennent d'être semés. Dans deux mois, ce sera la récolte de l'orge et du blé, aujourd'hui ce n'est qu'un tapis vert épais.

Le paysage est ponctué de ces nombreuses réserves d'eau, aux reflets caméléons des champs de céréales.

De Condom à Eauze, puis de Nogaro à Barcelone-du-Gers, les chemins parcourent les vignes de l'Armagnac. Chemins droits, chemins plats, j'envisage de plus longues journées à pied.

Cent-cinquante kilomètres en cinq étapes, peut-être sous l'influence des circuits autos-motos de Nogaro, je traverse le Gers à pleine vitesse.

08 mai

Rendez-vous avec l'histoire sur les chemins du hasard

À la sortie d'Aire-sur-l'Adour, je choisis de poursuivre avec carte et boussole sur de petites routes goudronnées à travers champs et forêts. Montées régulières, les bras et les bâtons travaillent autant que les jambes. Soudain, en levant la tête, apparaissent les Pyrénées enneigées.

Surprise sublime que cette apparition, choc lacrymal à six semaines de la maison.

Peu avant midi, je rejoins le GR 65 au village de Lelin- Lapujolle. Visite discrète et solitaire dans la petite église du village ; pas si seul que cela car de nombreux pigeons prennent leurs aises sur la tête des statues, gardiennes séculaires de ce lieu spirituel. En sortant, me voici immédiatement intégré à une assemblée d'une cinquantaine de personnes.

Aujourd'hui huit mai, c'est jour de commémoration. Évocation des morts du village inscrits sur le monument et cette reprise en chœur par tous les villageois : « Mort pour la France. »

Lecture de la lettre ministérielle par Monsieur le Maire, j'ai le cœur serré au « plus jamais ça », aux vœux d'une « Europe en paix » ainsi qu'à « la fin des nationalismes. »

En lendemain de soirée d'élection, le chemin exacerbe l'émotion. L'esprit s'envole vers ces paroles presqu'enfantines, rêve de John sublimé dans son "Imagine".

… « Imagine qu'il n'y a aucun pays, ce n'est pas dur à faire, aucune cause pour laquelle tuer ou mourir, aucune religion non plus, imagine tous les gens, vivant leur vie en paix… »

Une dame de la mairie s'approche… « Le conseil municipal de Lelin-Lapujolle vous invite au pot à la salle des fêtes »… Réveil dans une douce réalité, arrosé au floc d'Armagnac.*

* Floc : 2/3 de jus de raisin et 1/3 d'Armagnac

09/05
Le cachot de Pimbo

Unique étape landaise jusque Pimbo, sud du département.
« Si on n'aime pas quelqu'un, on dit qu'on va l'envoyer à Pimbo » m'informe un gars du coin.

Entrée en Pyrénées-Atlantiques (64), quatorzième et dernier département de ma diagonale France.

10/05
Le coup de Pomps

En milieu d'après-midi, j'arrive devant le gîte de la petite commune de Pomps. À la fin de l'école, trois enfants de primaire viennent me voir :
« Vous allez marcher encore longtemps ? »
« Oh oui, encore neuf-cents kilomètres vers St-Jacques en Espagne. »
« Oooh, vous n'avez pas de chance ! »

Géographie appliquée par la méthode "Marche à pied".

L'allure moyenne à quatre kilomètres à l'heure et l'itinérance par les chemins et villages distillent naturellement une connaissance de la terre traversée.

La géographie perd son triste statut de matière scolaire pour devenir vivante à travers les rencontres humaines, les troupeaux qui vous regardent passer, les odeurs de fenaison et de forêts.

Passage dans le pays du Béarn et peu après, Navarrenx, bastide fortifiée, encore un "plus beau village de France" offert par le Chemin.

C'est aussi une partie de l'histoire qui ressuscite avec ce Henri IV, roi de France et… de Navarre, le petit pays suivant. En me dirigeant vers St Jean-Pied-de-Port, je vibre aux ondes du pays basque ; maisons aux couleurs rouges et vertes, frontons de pelote basque dans chaque village, brebis regroupées à l'ombre des arbres. Plus de cinq-cents fruitiers de variétés anciennes ont été plantés le long des chemins des Pyrénées-Atlantiques.

Les habitants sont fiers de leur belle région, l'accueil est ouvert, les échanges sympathiques.

Parti un samedi quinze avril du Puy, je passe la porte St-Jacques de St-Jean-Pied-de-Port un dimanche quatorze mai. Je ressens encore cette heureuse impression d'une arrivée comme un autre départ, une pause sédentaire lundi et la chance de prolonger cette histoire.

Fantassin solitaire, désertion temporaire

Au petit matin dans la rue d'Espagne de St-Jean-Pied-de-Port, je croise à contresens quelques dizaines de pèlerins tout frais en direction de Roncevaux.

Tels Roland ou Charlemagne à la conquête de l'Espagne.

J'apprécie de me démarquer de cette belle petite armée pacifique. Je confirme mon choix de me diriger vers le chemin côtier, le Camino del Norte.

Comme un fantassin solitaire, je rejoins vers l'Ouest le GR 10, direction le calme village de St-Étienne-de-Baïgorry. Quelques heures de trail à travers ces beautés montagneuses, ces troupeaux en liberté comme ces blondes d'Aquitaine près de l'abreuvoir et ces moutons bien gourmands d'herbe fraîche . La montagne me renvoie l'écho des hénissements de chevaux.

Les pieds derrière la tête sur les chemins de crêtes

Je prends le temps de replier la tente, prêt pour une nouvelle étape de montagne vers Bidarray. Une demi-heure plus tard, c'est la grosse surprise du panneau :

« 15.6 km – 8 heures » ; c'est-à-dire que ça va bien grimper. "Step by step", je progresse en allure penchée, la tête à une longueur d'avance sur les pieds. Les vautours fauves en vol planant semblent se moquer de ma nouvelle "boule à zéro", tête chercheuse programmée sur "toujours plus haut". Je vérifie le nouveau théorème de St-Jacques selon Pythagore. Chemin difficile et lent, mais sensations vertigineuses le long des crêtes.

Piment à l'eau, jauge à zéro

Aujourd'hui il est prévu la pluie, mais je l'ai peu sentie jusqu'ici. Souvent annoncée, mais jamais tombée. Quelques gouttes à la sortie de Bidarray le long de la rivière Nivelle ; une heure après, c'est le déluge. En prime, je m'égare de mon objectif du jour, je rallonge d'une heure aller-retour. Ma feuille de route pliée en quatre dans la poche a bien pris l'eau. Je m'arrête sous un abri à mouton, il faut trouver une solution. Dépliage de la précieuse feuille au couteau suisse, j'enregistre vocalement les indications encore visibles. Je teste le portable en géolocalisation, prochain village à trente minutes, c'est déjà ça. Aux indications du dictaphone, je retrouve le chemin et arrive vers treize heures à Espellette. Le village est reconnu pour son A.O.P du piment.
Je mesure l'expression "trempé jusqu'aux os". La jauge d'énergie descend vite vers le zéro. Le gîte du village va recharger les batteries. Les radiateurs électriques sécheront les habits.

Chistera et trinquet au village de Saint-Pée

Les douze kilomètres restants de la veille, c'est la courte étape du jour vers le village de St-Pée-sur-Nivelle où j'arrive peu avant midi. Le gîte consiste en une magnifique demeure bien restaurée, grand salon-cuisine au rez-de-chaussée, trois chambres et douches-toilettes à l'étage. Mention spéciale pour ce lieu conçu par et pour les pèlerins. Peu de passage, seul dans ce grand gîte. Je m'offre un peu de temps à l'écomusée de la pelote basque et de la chistera.* J'apprécie la beauté des gestes de ce sport régional qui s'est même exporté vers l'Amérique du

Sud. Il se joue sur les frontons extérieurs des villages, mais aussi en intérieur dans les trinquets (salles quadrangulaires). La pelote basque se décline en de nombreuses versions et règles. Une véritable culture locale quand j'assiste à un entraînement d'un groupe d'enfants.

*Pelote basque (la balle) et la chistera (Etroit et long panier en osier fixé à la main par un gant)

20/05

Diagonale hexagonale

Aujourd'hui, je trace le dernier trait de cette diagonale française. Mille-trois-cent cinquante kilomètres de la maison à Hendaye. Cinquante-quatre jours de marche et quatre jours de pause-visite.

La France est bienveillante, elle m'a surpris par ses accueils attentionnés. La France est belle par sa nature préservée, ses forêts, ses vignes et cultures, ses fleuves et canaux. La France a une histoire passionnée et guerrière, comme en témoignent ses monuments aux morts, sa révolution qui a vidé l'abbaye de Cîteaux, sa réconciliation des protestants et catholiques sous Henri IV, la riche expression du tympan de Conques, le vécu millénaire de la cathédrale du Puy…

À Hendaye, j'emprunte le pont Santiago qui me mène à Irun. De l'autre côté, les parents surveillent leurs enfants sur une aire de jeux. Tout le monde parle espagnol, évidemment !

John Lennon peut encore espérer, des frontières ont disparu. Rien n'est jamais acquis, mais « l'important est de ne jamais désespérer. »*

* du film "Midnight express" (1978)

Camino "mer et montagnes", direction San Sebastian

Deux Canadiens, un Autrichien, une Russe, trois Italiens, des Allemands, un Français... Je quitte cette auberge espagnole d'Irun pour rejoindre l'auberge de jeunesse moderne de San Sebastian. Belle ascension qui me fait découvrir le panorama d'Hendaye et d'Irun réunis par le pont. Ruban de marche posé le long de l'Atlantique, vue abrupte depuis les falaises .
Le soleil et le ciel bleu azur subliment ce beau tableau.
En fin de matinée à Passaïa, premier village du Camino, c'est la pause bocadillo avec tortilla de patata*. Bienvenue en Espagne.
Un petit bateau emmène les piétons en face, des dizaines et des dizaines de grandes marches taillées dans la roche nous attendent pour la suite.
À San Sebastian, l'ambiance est à la fête en ce dimanche, musique et chants d'Amérique du Sud. Dernière heure d'étape en cheminant le long des deux immenses plages en arc de cercle. Avec tongs et bermuda, rasé et douché, la visite n'en sera que plus adaptée.

* Sandwich avec omelette aux pommes de terre

Descente en station balnéaire par le camino et GR

Zarautz, Zumaïa et Deba constituent les points bas du chemin sur ces trois journées. Stations balnéaires aérées, aux bords de mer discrets. L'intérêt se situe plus haut, à quelques centaines de mètres au-dessus de l'eau. Je prévois de bivouaquer avec l'espoir d'une vue de rêve. En passant à Zumaïa, je découvre l'ancien couvent San José reconverti en albergue donativo.

ORIO
KOSTALDEKO
GALTZADA NAGUSIA
SANTIAGO 787

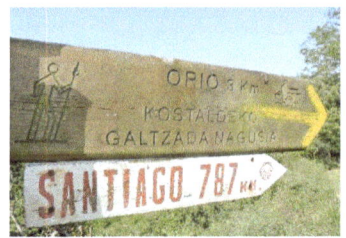

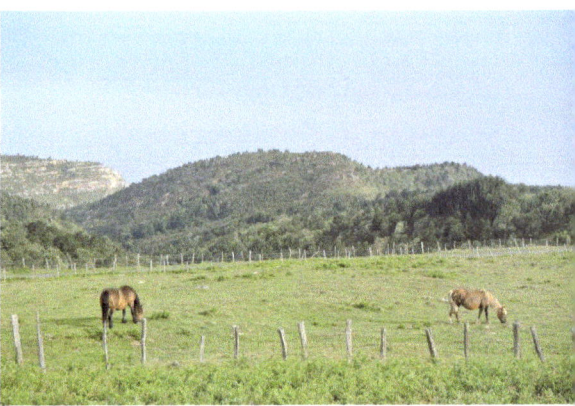

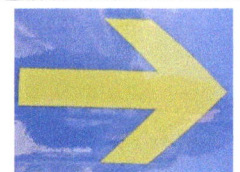

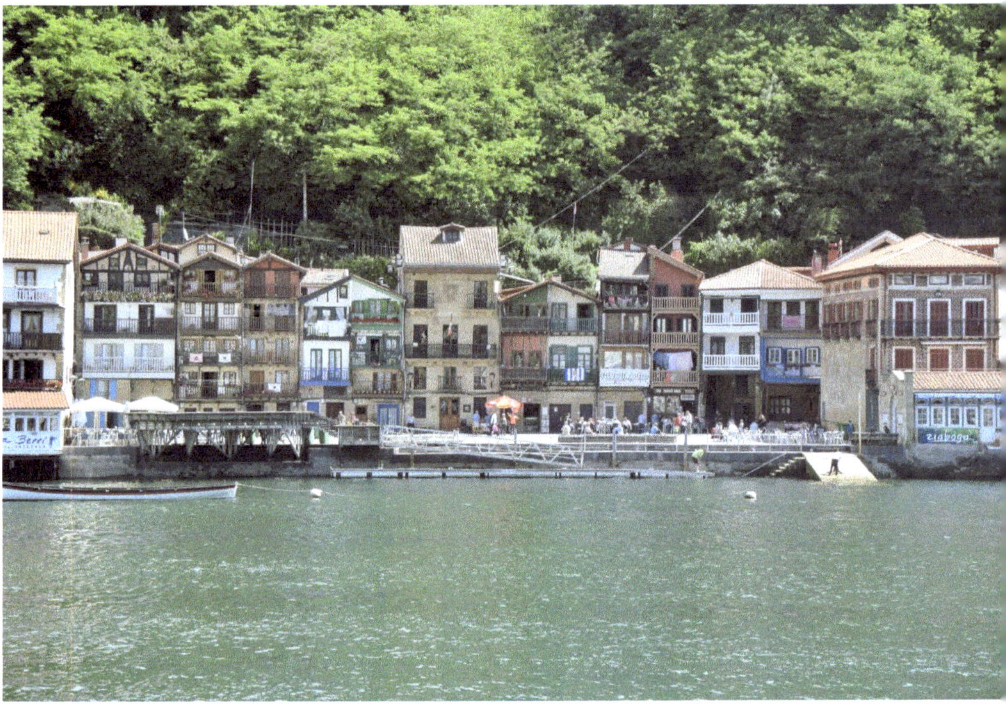

BIDÉA

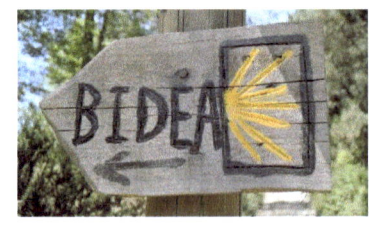

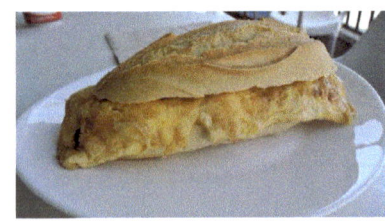

Couloir circulaire en bois ancien, ce lieu est chargé d'histoire et m'accueille.

Ce soir tout le village semble de sortie ; au bar, jouent aux cartes quelques mamies.

Le lendemain, je préfère le GR aux flèches jaunes qui balisent le chemin officiel vers Santiago. Plus sportif mais tellement plus proche de ces plages aux roches striées. Puis le chemin quitte la mer, se perd en forêt, bruits de tronçonneuses et odeurs de fumée.

Fin de journée face aux montagnes, enfin le premier véritable bivouac, avec à trente mètres un mince filet d'eau pour la toilette.

25/05
Les effets de gravité sur chemins dénivelés

Longue étape de trente et un kilomètres avec des centaines de mètres de montée. La formule de P égal MG* semble s'appliquer à mon petit être.

J'ai un pouvoir sur la masse, aucun sur la gravité. Cette formule fait abstraction de ce chaud soleil soudain à 35°C. Très soulagé donc de débarquer dans la toute nouvelle albergue** ouverte il y a un mois. Intérieur restauré avec cœur, terrasse avec vue panoramique. Soirée, nuit et petit déjeuner à "Andikexte***".

* Poids = Masse X Gravité.
** Albergue : gîte pèlerin en Espagne
*** Grande maison en langue basque

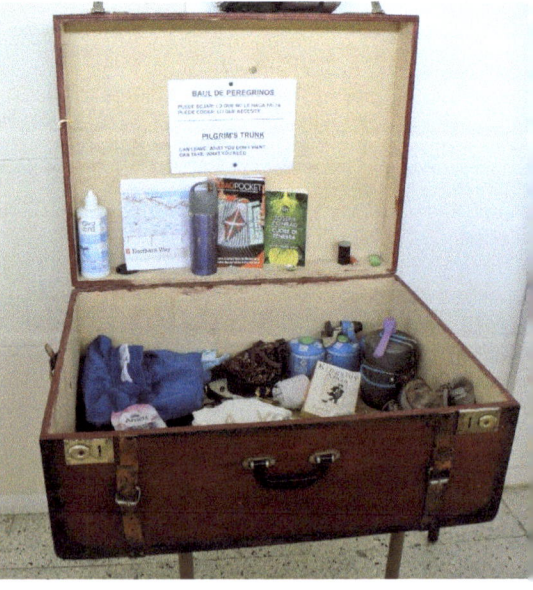

La colère créative d'une journée explosive

Pour préparer sa guerre, le sanguinaire Hitler s'entraîne à bombarder une petite ville d'Espagne, un jour de marché. "Bon pour accord" du général Franco à la tête de la guerre civile en Espagne. Des centaines de morts, nous sommes le 26 avril 1937 dans la petite ville de Guernica.

Pablo Picasso va alors jeter toute sa colère sur sa célèbre toile éponyme.

J'y passe en ce jeudi matin de l'Ascension, petit café en terrasse dans les rues paisibles. Pensées pour la Syrie, l'Érythrée et tous ces pays encore en guerre civile.

Transition par Bilbao, opération sac à dos

Je vise aujourd'hui Bilbao, tout proche. L'agréable arrivée se déroule par le mont Avril. Je me programme en mode touriste, bâtons repliés, accrochés au sac à dos. Cinq heures de traversée tranquille par ces six kilomètres urbains. Demande d'informations pour envoyer un kilo et demi de matériel vers la France : verdict, trente-cinq euros ; solution non retenue.

Bilbao a investi dans la culture avec son prestigieux musée Gugenheim gardé par une araignée géante face à la rive. D'autres bâtiments modernes consacrés aux congrès, à la musique... Bilbao tente de se démarquer un peu de son caractère industriel et routier. Sur les hauteurs de la ville, une ancienne école est reconvertie en accueil donativo pour les pèlerins.

Un gigantesque couloir relie les douches-toilettes et la quinzaine de lits actuels.

Vous oubliez le dentifrice, vous êtes partis pour un deux-cents mètres aller-retour.

Au premier tiers du couloir, une grande valise ouverte est posée sur une chaise. Vous y laissez ou prenez des affaires tel un troc de pèlerins : livres, rasoirs, chaussures, habits… J'y laisse ma casserole, un réchaud et deux cartouches de gaz. Avec la diminution des provisions d'alimentation, ce sont deux kilos en moins.

Je reviens à douze kilos. Opération Bilbao.

27/05 et 28/05
Des airs de Seychelles au déj. de chez Shell

Quitter Bilbao ce samedi, c'est la promesse de retrouver l'océan vers Portugalete. Revoir la belle côte marine, cheminer dans un décor naturel digne des Seychelles.

Mais auparavant, il me faut passer au-dessus des autoroutes et au milieu des enseignes, Carrefour, Leroy Merlin et Ikéa. Le magasin suédois aux produits chinois affiche en grand sa pub de sandwich au jambon, offre de restauration ou bien un simple hameçon ?

Dimanche matin, seul petit café pour démarrer du gîte. Durant deux heures, mes yeux s'émerveillent de la vue depuis un chemin cimenté qui serpente à pic l'océan. Station service au loin à babord. Je m'arrête pour faire le plein de glucides. Assis devant la pompe gazoline, je déguste Kitkat® et M&M'S®, vue sur la grosse coquille jaune de Shell.

Situation burlesque où l'on a envie de citer le poète autrichien Rilke : *« Le seul voyage est le voyage intérieur.»*

Le paseo de Laredo

Je rejoins la petite station balnéaire de Laredo sous les nuages noirs menaçants. Trois quarts d'heure de marche sur le paseo del mare, ce large fronton de mer bordé d'appartements rectangulaires. TOUS fermés, personne, leurs propriétaires doivent les occuper l'été ou le week-end. Je presse le pas à travers cette atmosphère pesante.
L'originalité de la journée sera marquée par cette passerelle en bois posée sur le sable pour monter dans ce petit bateau et rejoindre Santoña, spécialité les anchois.

30/05

Camino d'Ernesto

Aujourd'hui c'est la pause incontournable du chemin à Güemes. Le padre Ernesto y est né il y a quatre-vingts ans. Prêtre ouvrier dans les années soixante-dix, bourlingueur et travailleur dans les ports d'Afrique et les mines d'Amérique du Sud. Longue barbe blanche, c'est ce que l'on appelle un "Personnage". Autour de sa maison de naissance, il a développé un accueil pèlerin, privilégié par le Sens que chacun imprime au Chemin. Au-delà de l'organisation des kilomètres pour rejoindre Santiago, au-delà de la recherche d'un lieu pour dormir, nous sommes cinquante-deux, accueillis au "Camino de la vida "*, à partager un temps commun, un repas et la philosophie du padre.

*Le chemin de la vie

Un quart d'heure de croisière, direction Santander

Ce matin, le Camino longe et domine la mer, plaisir des yeux. Descente vers le niveau zéro, les chaussures marquent le sable durci par les vagues. Nous arrivons à un embarcadère où un bateau nous emmène en croisière vers la ville de Santander. L'impression de se sentir léger, avancer et flotter.

01/06

Question à cent balles : où sont les étoiles ?

En quittant la chaleureuse maison de Marie-Neige à Santa Cruz de Bezana, repas partagé et chants au piano, le pèlerin se sent rempli d'énergie pour longer la voie ferrée et revenir sur l'asphalte des petites routes de Cantabrie.

Vers midi, je passe le fier panneau de Santillana del Mar « un des plus beaux villages d'Espagne .» Quand même !

De belles ruelles pavées, au coin un potier, des boutiques de spécialités, des petits restaurants aux prix inflationnés. Trois euros pour entrer dans l'église, et c'est fermé. Un parador sur la place, cet hôtel cinq étoiles qui accueille des vacanciers friqués. Je croise leurs regards interrogateurs face à ma déambulation pèlerine.

Je ressens la vacuité des lieux étoilés face à la plénitude de la sobriété.

Ce soir je rejoins deux couples de Français à l'albergue Isara, six euros la nuit, petit déjeuner compris et toute l'attention discrète d'Alejandro. J'apporte à la cuisine des lentilles corail et de la vache qui rit ; le quatuor, du riz, un oignon et du vin espagnol. Discussions flashback sur le scoutisme rigide des années soixante, la médecine humanitaire en Somalie et nos vécus à Calcutta chez mère Teresa.

Divin repas pèlerin, non inscrit au Michelin.

Du 02/06 au 06/06

On avance, on avance, c'est une évidence

En ce début juin, le compteur du marcheur marque mille-sept-cents kilomètres. L'aventure de l'itinérance génère inconsciemment une forme d'habitude, voire de lassitude, passagère j'espère. L'esprit s'anesthésie sur ce chemin côtier plutôt routier, toutes ces belles églises fermées ou certains rares accueils plombés comme ce garage à pèlerins à San Vicente de la barquera ce vendredi.

Samedi, c'est la grosse pluie pour l'entrée dans les Asturies, façon "Bienvenue chez les ch'tis". Deux bonnes heures sous la cape, mais la bonne surprise de l'accueil réconfortant chez Maria et Javier à "Aves de paso" (Oiseaux de passage).

Dimanche, c'est une étape plate en passant par quelques stations balnéaires aux logements déserts. Quelques notes de musique s'échappent des grands bars sans client.

« On avance, on avance, on avance » comme chante Souchon.

Lundi, belle étape marine qui me fait passer par Ribadesella, petite ville portuaire, escaliers multicolores en entrée de ville. À la sortie dorment des rangées de résidences secondaires.

Mardi, adios la mer côté espagnol. Demi-étape dans la ville neutre de Villavisilliosa. Un bout d'après-midi à préparer à l'aide d'internet le prochain camino, le Primitivo.

Se poser, rédiger les faits marquants des derniers jours. Mais lesquels ? Ça rime bien "lassitude et habitude"... Je passe ma commande au bar.

« Una cana, por favor.* »… Car il est bien connu que « Bière qui roule amasse de la mousse. »**

*« Une pression, s'il vous plait.»
**Phrase inscrite sur une ardoise devant un café du Puy-en-Velay

Le Camino Primitivo. Le premier Chemin emprunté par le roi Alphonse II en 829 pour rejoindre la Galice. À cette époque, le culte des reliques s'avère être un enjeu majeur. Prétextant de la "découverte" de la tombe de Saint-Jacques, il part de la ville d'Oviedo où il règne pour parcourir 315 km par la région montagneuse de la cordillère cantabrique. Aujourd'hui, le pèlerin du Camino del Norte a le choix de poursuivre le long de la côte ou obliquer par Oviedo pour emprunter le Primitivo à travers cette région authentique des Asturies.

07/06 et … les jours précédents
Et toi ? Pourquoi ?

Ce mercredi, j'oblique Sud-Ouest vers la ville d'Oviedo, départ du Camino Primitivo, trois-cents kilomètres vers Santiago. À l'intérieur des Asturies, plus montagneux, plus difficile que continuer le long de la côte, mais vous connaissez le théorème de St-Jacques.

Deux mois et demi de pérégrinations depuis le départ de la maison. Ce soir, au téléphone, j'apprécie ce précieux moment d'échange avec ma femme. Les ami(e)s lui disent ne pas comprendre du tout pourquoi marcher autant.

Je n'ai pas de réponse unifiée du genre « j'ai faim donc je mange. » Je ressens un profond besoin de dérouler cet effort physique et mental.

J'aiguise ma curiosité à travers la géographie des régions, la formation des Pyrénées qui se prolongent tout au long de ce nord de l'Espagne. Je découvre une agriculture familiale, j'observe une autre gestion du territoire. La quête spirituelle de premier niveau, le chemin vers les étoiles et la lumière enveloppent le tout. Prendre le temps, tout simplement, sans agenda, confusion des jours.

« Vivre en pleine conscience, ralentir son pas et goûter chaque seconde et chaque respiration, cela suffit », selon Thich Nhat Hanh, moine bouddhiste vietnamien.

C'est aussi un besoin de rencontres, déjà avec soi-même. Sans statut, sans carcasse de voiture, sans maison. Puissante expérience humaine ! C'est enfin la rencontre avec les autres, habitants locaux et pèlerins du quasi monde entier.

Ce Japonais, chaussettes dans les sandalettes, dormant dans les dunes ou les jardins publics ; Ottemar, Suisse de soixante-six ans, avançant au GPS ; Cashia, Polonaise de vingt-six ans, études de médecine terminées, chantant sous la pluie de sa voix cristalline ; ces quatre Italiens napolitains au tee-shirt orange fluo et lunettes solaires de champions cyclistes ; cet Espagnol au sac troué que je retrouve endormi sous le porche d'une église ; Share, cette Américaine se présentant d'abord comme Californienne, piquée au vif par nos remarques sur mister Trump ; Jean Pierre, alerte septuagénaire, croisé juste après Irun, que je retrouve à d'autres étapes, dont la compagnie me fait profiter de son puits culturel, des agrumes aux lieux sacrés et énergétiques du Camino, cette envoûtante voie Nord Est-Sud Ouest. Il n'y a que sur le Camino que l'on puisse rencontrer cette diversité de personnages. Aucun filtre, aucun fard.

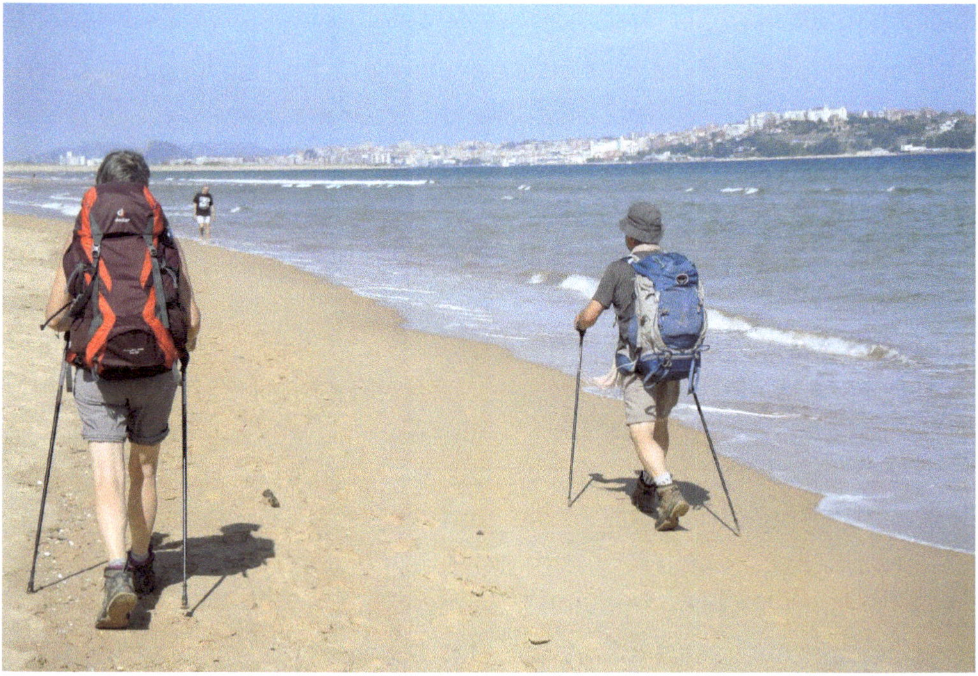

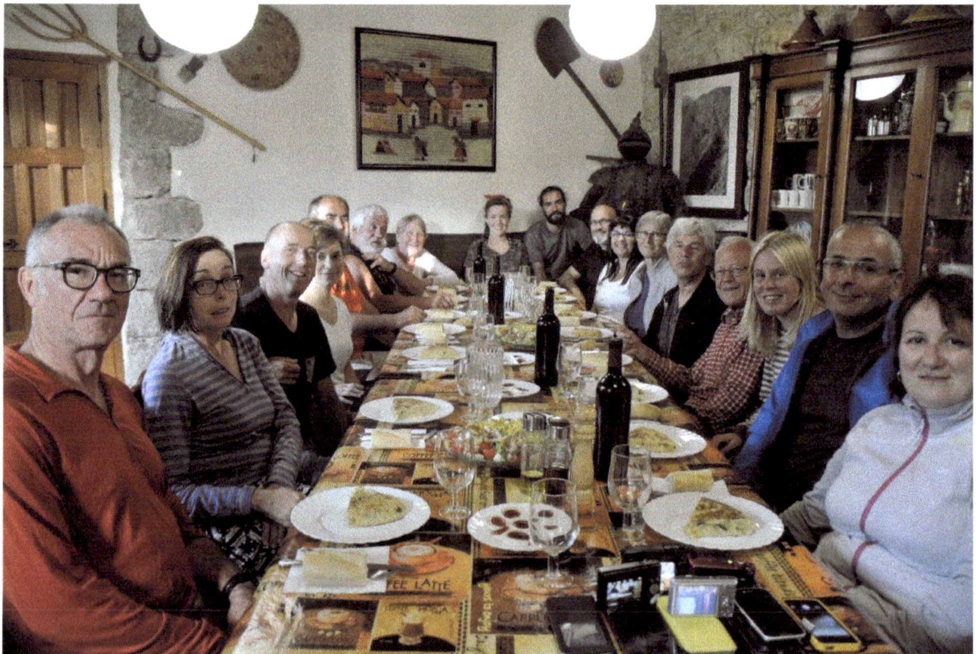

Journée de repos à Oviedo

Comme dans la "vraie vie", comme lors d'une mi-temps de foot ou sur les partitions de musique, le pèlerin s'offre une pause. Changer de rythme et visiter cette belle ville d'Oviedo chère à Woody Allen.

« Pour voir les choses, il faut commencer par s'arrêter » de Tinch Nat Han, encore lui.

Samedi 10/06

Quel beau petit cadeau que ce Primitivo

Chemins de campagnes et de montagnes, passages de rivières et de forêts, le Camino Primitivo s'annonce nature et véritable. Voisinent près des maisons, de nombreux horréos, ces greniers en bois posés sur quatre ou six fins piliers en pierre, défi de l'équilibre architectural. Le vert domine le paysage, signe de pluies régulières. Des vaches proches du type Aubrac se régalent de l'herbe à foison.

Les centaines de mètres de dénivelés permettent de varier l'allure et la foulée. Ce soir, l'albergue de San Juan offre un panorama exceptionnel et un accueil des plus humains par l'hospitalier Agustin.

11/06

De ces instants partagés aux minutes d'éternité

Ce soir nous sommes chez David, à Bodenaya. Le mode « Bienvenue, vous êtes chez vous. »

Le repas est partagé en commun. Treize à table, chacun se présente à la façon de "où l'on vient et son vécu camino".

Mon voisin de droite a vingt-trois ans, Danois. Il a démarré l'avant-veille d'Oviedo, escapade de fin d'études partagée avec sa copine. L'effort de l'étape l'a bien marqué car sa jambe droite est bien engourdie. Jean-Pierre insiste sur ce que l'on laisse sur le Chemin et pas seulement ce que l'on vient y prendre. Anna, jeune Espagnole, lâche quelques larmes en s'exprimant sur ce mélange de pays qui cheminent ensemble.

Mon jeune voisin au visage livide demande à se lever. Je le prends sous les bras et à l'aide de sa copine, nous l'allongeons sur un tapis de sol. Echanges suspendus. Appel au médecin.

Les premières blagues font vite place aux plaintes de douleurs, début de panique. L'ambulance arrive quand ? Perdus à Bodenaya !

Face à une situation qui bascule, les minutes s'étirent dans le vide. Le OUF à l'arrivée de l'ambulance et de l'intervention salvatrice. Diagnostic, une hémorragie cérébrale, un A.V.C.

Quelques jours plus tard, les échos du camino m'informent qu'il récupère bien, mais sous surveillance à l'hôpital d'Oviedo.

12 et 13/06

Comme sur un nuage, éphémère mirage

Au petit matin, une petite pluie et un épais brouillard prolongent les conversations à l'intérieur de l'albergue de David. Encore sous le choc de la veille, nous formons un petit groupe solidaire avançant à vive allure.

Le lendemain, le brouillard est si dense que je vois à peine ma main au bout du bras ! De nombreux pèlerins choisissent la variante de Los Hospitales par la montagne. J'en fais partie, plus pour le plaisir du dénivelé que celui de la vue.

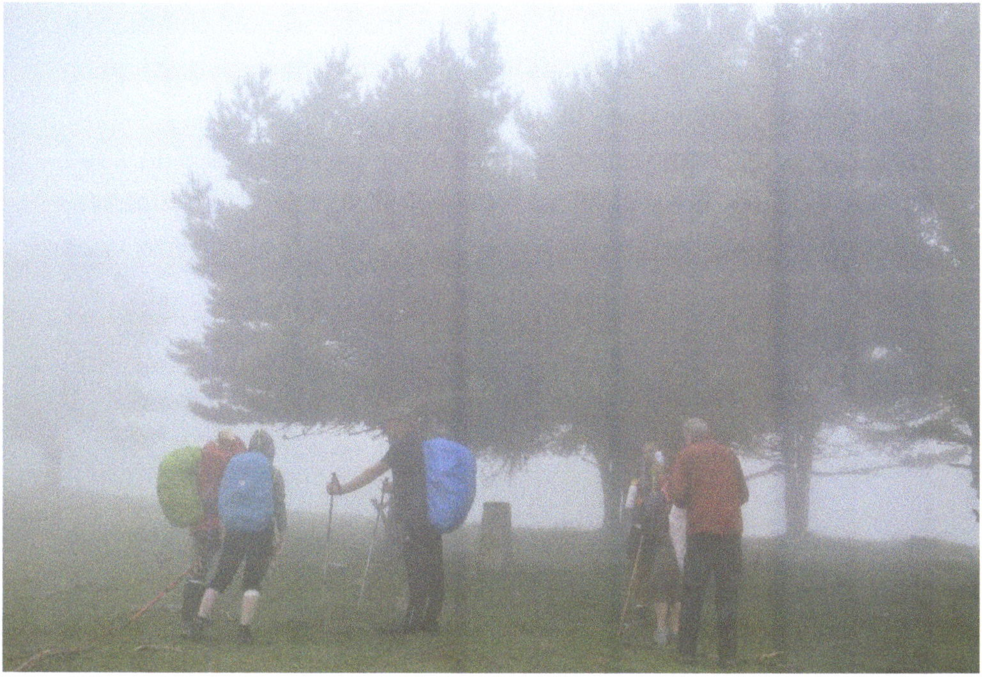

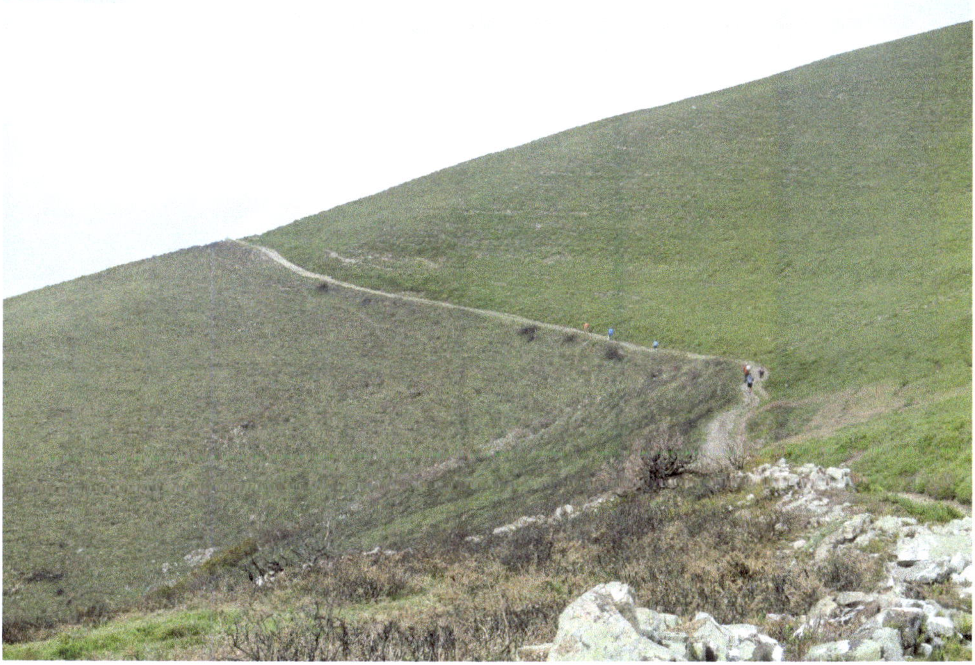

Je préfère m'accrocher à un trio, en mode wagon. Ambiance fantomesque, on distingue les silhouettes des chevaux ainsi qu'un petit groupe de pèlerins en pause au sommet.

 Encore quelques dizaines de mètres et nous flottons d'un coup au-dessus d'un océan de nuages. Plein soleil durant vingt minutes. Puis l'orage va nous poursuivre tout au long de la descente vers Berducedo.

14/06

Chacun son chemin
Toi, moi et Ruffin

Selon son rythme, ses moyens physiques et financiers, son temps disponible, chacun vient vivre son petit bout de chemin.

À travers sa plume extraordinaire, l'ambassadeur-médecin-académicien Jean-Christophe Ruffin avait décrit son propre ressenti dans son livre « Immortelle randonnée. » Il était marqué par la saleté qu'engendre une journée de marche. Il avait aussi fait le choix d'alterner le bivouac et l'hôtel car il ne supportait pas les dortoirs. C'est son choix, son chemin, pas le mien, ni celui du voisin. Comme après toute activité sportive, la douche rend le chemineau tout propre, tout neuf. J'ai emporté une tente que je n'ai utilisée que huit fois, à peine amortie.

Ce soir à Castro, je campe, mais sur le gazon de l'albergue. Je ressens le besoin de partager un repas et quelques conversations.

Alberto, un jeune Espagnol chemine quelques étapes avec sa maman. À la rentrée, il poursuivra sa cinquième année de médecine à Paris. Durant près d'une heure, nous échangeons sur la politique espagnole et française, la folie immobilière de son pays, les contrastes régionaux entre le sud, la Catalogne ou le centre madrilène.

En rentrant, je relirais quand même pour la troisième fois le livre de Ruffin.

15/06

Le passage du barrage

L'étape du jour de Castro à Padron peut être qualifiée de sublime. À un sommet, je retrouve cette vue sur l'océan de nuages. On me dit qu'il y a une retenue d'eau en dessous, le barrage de Grandas de Salime. Je serpente à travers la forêt. Le Primitivo tient ses promesses de beauté et le soleil chaud la magie de cheminer.

Je double un trio de Lituaniens, j'échange quelques mots avec un Maltais et Franck, un Néerlandais polyglotte.

Ce matin, un Espagnol filme le défilé de son groupe aux "sacs de barbies".

Je leur lance « Pedro Almodovar* ? » une petite blague de mon niveau. Il n'ont pas l'air de connaître ou bien ma prononciation est désastreuse.

« Vous êtes bien Espagnols ? »

« Ah non, nous, nous sommes de Catalogne »

John Lennon n'a pas encore gagné !

*Cinéaste espagnol, mais pas catalan apparemment

Histoire de caoutchouc

Mais au fait, c'est le passage du kilomètre deux mille. Je soulève les talons, début de diagonale sous la chaussure. Sur les côtés, le caoutchouc dur et noir a disparu, laissant apparaître le caoutchouc mou et gris. Parti du Puy, le compteur des semelles affiche mille-cinq-cents kilomètres.
Je surveille plus l'usure des chaussures que le témoin des pneus de la voiture.

17/06

Le traînard du dortoir

Boules Quies vissées dans chaque oreille pour une bonne nuit de sommeil, de 22h30 à … ? D'un seul coup, je me réveille, plus personne dans le dortoir. L'impression d'une mauvaise blague. Tout le monde est déjà parti, il est 6h20.
Un bon petit déjeuner, cinq heures de marche pour entrer vers midi dans la grande ville de Lugo, à cent kilomètres de Santiago. L'albergue municipale n'ouvre qu'à 13h.

Dimanche 18/06

Quand il fait chaud, on se lève tôt

Six heures : départ de Lugo où des groupes de jeunes finissent leur nuit de fiesta.
Après vingt-huit kilomètres, j'arrive à l'albergue de Ponte de Ferreira vers midi. 35°C à l'ombre… que je ne quitte plus de l'après-midi.

Gaston et Alberto, fin du Primitivo

À Mélide, le Primitivo rejoint l'impérial Camino francés. Seul sur ce chemin déserté des bars, secret espoir d'un petit déjeuner, celui qui regonfle pour la journée pour monter la pression de quelques bars.

Après trois heures à l'estomac vide et quelques gorgées d'eau, je m'asseois sur un banc en granit. Quelques amandes à grignoter. Arrive ensuite Gaston, un jeune étudiant mexicain. Partage d'amandes et de quelques mots. Je retrouve Alberto qui vient s'installer entre nous.

Nous poursuivons vers Mélide, mix d'espagnol en duo ou de français en trio, car Gaston étudie en France et en Italie. Alberto relate son expérience de volontariat chez les Pygmées au sud du Cameroun, son projet d'études de médecine à Paris. Pour Gaston, ses virées à Barcelone depuis Perpignan, son boulot de saison en France avant sa rentrée à Milan.

Echanges profonds en trio, final de Primitivo.

Force magnétique, courant tellurique

Hier vers midi, je me suis retrouvé sur un gros flux de pèlerins-randonneurs. J'ai poursuivi plus loin vers Ribadiso. Juste après un petit pont, je m'arrête dans une albergue bordée par une rivière. Grosses tablées festives du soir au bar-restaurant.

Aujourd'hui, trente-huit kilomètres, je n'envisage pas une étape plus courte, je me sens attiré par un puissant aimant. Des groupes de collégiens, d'Américains aux mini sacs, ça défile. Les cent derniers kilomètres du camino francés semblent se décliner en phénomène, comme un défi, transports de sacs à l'appui. Peu importe, je goûte le plaisir de puiser un peu dans l'effort pour rejoindre le Monte de Gozo, vue sur Santiago à quelques kilomètres.

<u>Mercredi 21/06</u>

<u>Journée d'arrivée sur solstice d'été</u>

Epsilon que ces cinq kilomètres vers la cathédrale de Santiago. Je goûte chaque pas, je ralentis au maximum, je reconnais déjà les lieux, images ancrées de 2011. L'esprit s'est tellement chargé des personnes que j'ai emmenées avec moi : ma femme, la petite famille bien- sûr, les ami(e)s, mais aussi les personnes aux liens plus lointains, ceux et celles perturbé(e)s par la maladie, les disparus, les intentions pour le respect de toutes vies.

Vers huit heures, je descends une petite rue pavée aux grandes dalles grises, les yeux fixés au loin sur le porche qui masque la grande place carrée de Obradoiro. En descendant quelques marches, sur la gauche, elle se découvre d'un seul coup.

Une heure de grand calme. Deux heures peut-être …

Cheminement, tout simplement

Pérégriner nous ramène humblement à notre microscopique condition humaine. Cheminer vers le soleil couchant sous les étoiles de la voie lactée nous amène vers la Galice. Voyage en galaxie ? Gala, le lait en grec. Pourquoi tant de signes, tant de cohérences parmi tout ce hasard ? Tous ces multiples chemins de l'Europe qui convergent en coquille Saint-Jacques selon cette direction divine du Nord-Est vers le Sud-Ouest.

Sacré "coup commercial" réalisé par ce roi Alphonse II quand il se met en chemin en l'an 813, d'Oviedo vers la pointe de la Galice pour confirmer la "découverte" des reliques de l'apôtre Jacques. Il détourne une partie des pèlerins de Rome et Jérusalem et perpétue la tradition millénaire de pérégrination. Les chapelles et les églises s'installent sur des sites spirituels anciens. Cette légende de Saint-Jacques s'est calquée sur des chemins existants. Les pèlerins continuent de passer sur des sites chargés d'histoire et de magnétisme. Le corps découvre la marche et son rythme apaisant, la tête se remplit d'énergie et l'esprit s'éveille.

Bien au-delà des codes chrétiens, le Chemin nous replace tout simplement sur notre condition humaine sous toutes ses formes, qu'elles soient physiques, mentales ou spirituelles.

150

Menu du jour : le saumon
Nord vers Sud à reculons

Trois mois en direction de Santiago que je quitte ce lundi pour mettre le cap sur le Portugal, boussole orientée Sud. L'esprit doit intégrer de marcher vers cette nouvelle direction et de remonter les flèches jaunes qui visent Santiago depuis Lisbonne.

Le chemin se poursuit toujours en Galice. Étape à Padrón où St-Jacques décapité et ses deux disciples seraient venus jusqu'ici en barque de pierre... selon la légende.

Le lendemain, étape à Caldas de Reis et ses sources d'eau chaude, bienfait thermal connu depuis le temps des Romains.

Mercredi, je passe à Pontevedra, cœur de ville piéton aux arcades de pierres. La "virgen del pellegrina"*, patronne de la ville, domine du haut du dôme circulaire de la basilique.

Dernière étape galicienne, jeudi, avec trente-six kilomètres jusqu'à la grande ville moderne d'Oporino et sa mairie au toit châtelain.

J'ai quitté mon état de pérégrino depuis ce matin de solstice d'été pour devenir un marcheur touriste. Je croise quelques dizaines de pèlerins marchant vers Santiago, surpris ou amusés de ma marche "reverse way" ou "reverso".

Tel un saumon, je remonte le flux.

*Vierge du pèlerinage

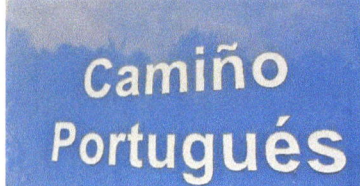  

Ville de Porto

Flèche jaune vers Santiago, flèche bleue vers Fatima

152

30/06

Pont vers le Portugal, la tête dans les étoiles

L'étape de ce dernier jour de juin est marquée vers midi par les trois-cents mètres du pont à la Eiffel au-dessus du fleuve Minho, frontière naturelle depuis près d'un millier d'années. Tout au bout, c'est le Portugal qui m'accueille et son panneau aux douze étoiles.

Des ponts plutôt que des murs, une Europe à fière allure.

01/07

Oh ! Prima ! Fatima !

C'est le comique de répétition avec les pèlerins du jour qui me montrent l'autre direction. Index pointés vers le nord avec un brin d'humour, d'autres dans le doute d'une erreur. Un Italien me demande en anglais :

« Où allez-vous ? », « Vers Fatima » comme simple réponse. Je crois entendre « Oh ! Prima ! Fatima ! » et une pointe d'enthousiasme.

Dimanche 02/07

Décalage de fuseau et décollage de fusée

Belle pointe de chaleur qui freine le randonneur en panne sur ses réacteurs.

Même après trois mois de marche, je n'ai pas la faculté de décoller. Juste prévoir des étapes plus longues, sans mal au moral et aux mollets.

Mais aujourd'hui, c'est dimanche au cuisant soleil. Je passe le pont de Barcelos et me pose dans un accueil pèlerin géré par un groupe folklorique.

Le lendemain matin, Llanes, un sympathique espagnol aux grosses moustaches vient me saluer.

Six heures, je pars, vu la chaleur. En Espagne il est sept heures. Mais pourquoi ce décalage ? D'après Llanes, cela s'est décidé en 1974 ; le dictateur Franco était encore aux commandes. Ses accointances avec Hitler l'avait influencé à se caler sur l'horaire germanique. Le Portugal quant à lui reste aligné sur sa ligne méridienne.

Après plus de deux mille kilomètres, je prends conscience de ce décalage d'un fuseau horaire. En général, c'est en avion que nous vivons ces "jetlags" mondiaux.

03/07

Déconnexion de réseau à Mosteiro de Vairo

Soleil de haut fourneau, alors il fait bon se délester de son sac dans ce monastère millénaire. Fraîcheur des lieux, mais surtout un accueil de cœur par l'hospitalier Claudio. Le premier réflexe du pèlerin du XXIème siècle est de demander le mot de passe wifi, presqu'aussi important que la douche et la lessive. Et chacun s'isole avec son portable. Ici à Mosteiro de Vairo, aucun réseau.

La douzaine de pèlerins se met d'accord pour le repas du soir. Tchèques, Brésiliens, Coréenne, Américaine, Norvégien, Canadienne, Espagnols, Portugais et Français.

Courses, préparation commune et divine connexion de ce repas partagé.

Mission Porto 2020 qui se met en trente-et-un

Deux bonnes heures rectilignes, mais pas désagréables, pour entrer sur le nord de Porto vers midi. Mercredi et jeudi seront deux journées de pause-visite.

Le pont Luis I et sa vue sur le Douro*, les quartiers colorés de Ribeira, le tramway vintage qui vous conduit vers l'océan à la sortie du rio*. Touristique mais pas exagérément mercantile, je discerne la discrétion portugaise. Ça repeint les fenêtres, ça nettoie. Une dizaine de grues dominent la ville, ce qui "casse" la photo panoramique. Je remarque des panneaux « Portugal 2020 » avec le logo de l'Europe. Toilettage citadin pour mieux accueillir le monde entier.

*Rio Douro : Fleuve Douro

07/07/2017

À douze autour de la table pour un repas équitable

Petite étape de goudron pour sortir de Porto et arriver vers midi au village de Grijon. L'impression de Far West, qualificatif adapté. Grosse chaleur, rien ne bouge, quasi seul au bar avec mon petit sandwich au fromage.

L'entrée à l'albergue se fait en passant au-dessus du mur, me signale la voisine. Lieu insolite !

Cet après-midi, avec rasoir et savon d'Alep, c'est la seconde opération "boule à zéro" sur ma tête. Pour ce soir, le responsable de l'albergue nous propose la possibilité d'un repas à six euros, chez les voisins, ses cousins. O.K pour les sept pèlerins présents. Derrière l'enseigne du garage, on nous ouvre la porte qui donne sur une immense pièce, table prête.

Soupe, pain maison, légumes, omelette, riz, vin et fruits. Avec papi, mamie, leur fils, ses deux filles et les sept pèlerins, nous sommes douze à table à partager ce repas de cène.

Le pèlerin est comblé par cette soirée authentique, la famille semble heureuse d'accueillir ces gens de différents pays. Gagnant-gagnant dans le partage, un air de repas équitable.

08/07
Discussions passions, évaporation

Sur ces trois mois et demi d'itinérance, je n'ai jamais cherché à dérouler des distances records. Avec ce temps nuageux et ces longueurs d'asphalte, c'est le moment de pousser un peu, vers Albegharia a Nova. Quarante-six kilomètres en partant au lever du jour pour arriver en fin d'après-midi. Douche et la récompense d'un nouveau repas familial à l'extérieur. Discussions passionnées sur les caminos de Santiago. M'éloignant de ce point sacré, mon esprit s'évapore. Le mode "Retour"← commence à se mettre en "Route"→.

09/07
Matin lointain

Un matin, je traverse un village situé à cent soixante-dix kilomètres du point final de Fatima. Une mamie partage cent mètres de mon chemin. Elle me dit avoir une fille qui vit en France à Soissons.

« Vous allez à Fatima, à pied ? »

« Mais c'est trèèèès loin ! »

Promenade en bateau sur le rio Douro

Fin de journée sur le chaud chemin portugais. Repas amical dopé au vinho verde*.
Les conversations de pèlerins s'éloignent doucement…

L'impression étrange de me sentir tout petit, à peine dix centimètres, posé sur une planche en bois instable.
Deux petits yeux lumineux me fixent.
Je suis assis dans une minuscule barque, sur le rio Douro à Porto.
En face de moi, rame ma petite copine grenouille du Piémont.

- Mais comment es-tu arrivée ici ?
- Eh bien, je suis partie en janvier par le fleuve Pô, la Méditerranée, le détroit de Gibraltar et me voici à Porto avec toi Vincenzo.
- C'est difficile à croire ton histoire.
- Oh tu sais, les humains croient bien que l'apôtre Jacques a voyagé sur une barque en pierre jusqu'au nord de l'Espagne.
- Ah tu connais la légende !
- Et toi Vincenzo, tu es revenu du pays de Candy ?
- Gandhi, tite grenouille. Et je suis reparti de chez moi à travers la France, le nord de l'Espagne et me voici au Portugal.
- Et comment trouves-tu le Portugal ?
- Du soleil, beaucoup de fleuves, des rivières et du vent de l'océan.
- Alors, ça ressemble à mon petit Piémont d'Italie ?
- Il y a plus de vent ici, ça fait du bien quand on marche sous le soleil. Et tu sais ce que les humains d'ici font avec le vent ?
- Ah !? On peut faire des choses avec du vent ?

- Oh oui. Le vent fait tourner des moulins, des éoliennes. Ça produit de l'énergie, de l'électricité très utile pour nous.
- Les humains peuvent donc être un peu intelligents.
- Ils ont même installé des moulins sur les fleuves, ça tourne aussi. C'est le mariage de l'eau et du vent.
- Tu deviens poète, Vincenzo.
- C'est de la poésie de terrain, tu sais. Ici, l'électricité de ce mariage éternel domine largement.
- Bravo et merci pour ta bonne nouvelle. Tu me rappelles pour me parler de ton pays.
- Ok tite grenouille, je ne t'oublie pas. Arrivederci, bon retour chez toi.

6h du matin, réveil et retour à la réalité. Je pense que j'ai dû abuser du vinho verde*.

*Vinho verde : (Vin vert) Issu de vendanges précoces

Tonneaux de porto sur le rio Douro et la ville de Coimbra

Mardi 11/07 - jeudi 13/07

La belle aura de Coimbra

Est-ce qu'une ville possède une âme ? De par sa longue histoire, sa position géographique et ses courants magnétiques ? Erudite en plus, car Coimbra regroupe depuis cinq cents ans tous les domaines universitaires, des sciences aux lettres et à la médecine. Au beau milieu des grands bâtiments blancs d'étudiants, une cathédrale, la Sé Nova.

Quelques chants et cordes de Fado* lancent la soirée au café Santa Cruz. "Hôtel California" est revisité par une guitare électrique au talent magique, d'autres groupes animent la soirée aux coins de cette petite ville de cent mille âmes.

Mais tout n'est pas que poésie. Je croise Fernando qui m'interpelle en français. Obligé de mendier un peu pour finir le mois après ses deux cents euros de retraite, le minimum ici. Il a travaillé quelques années en France, la plupart du temps "au noir". « Les Portugais sont de bons travailleurs » me dit-il. Et c'est lui qui m'affirme que le pays évolue dans le bon sens.

Ce vendredi 14 juillet, je quitte la ville au petit matin par le pont de Santa Clara, charmé par l'aura de Coimbra.

*Fado : chants mélancoliques

15/07

Gros coup de feu sous les pieds, une nuit chez les pompiers

Départ de Conimbriga avec un peu de fraîcheur. Mignon petit gîte tout neuf au fond du jardin d'une famille. Personne vue hier, alors je laisse une somme dans une boîte, le donativo confiance. Deux flèches bleues m'emmènent direction Sud-Ouest vers une nationale, direction Ponbal. Une heure que je m'écarte du chemin qui démarrait en fait vers le Sud-Est. C'est l'application "maps.me" qui me ramène vers le camino... deux heures et demi plus tard à deux kilomètres de mon point de départ ! Plantage de dix kilomètres comme on dit en jargon marcheur.

Le soleil monte en puissance, encore 35 °C d'après la lecture du journal local. Les chemins de terre alternent avec les petites routes en goudron. Quelques passages de villages, aucune vie à l'intérieur des maisons. Il n'y a que les chiens qui jappent sur le pèlerin.

Un petit restaurant ouvrier semble animé. L'oasis de la journée avec crudités, omelette, riz et pommes de terre.

Plus loin, au bar d'Alvage, le patron vient bavarder avec moi en français. Comme beaucoup de Portugais, il a travaillé en France dans les années 70-80.

« Il faut que tu ailles chez les bombeiros* à Ansiao, ils accueillent les pèlerins. »

Bonne idée ! Cinq kilomètres à fond, dictaphone accroché au sac pour me motiver, avec sa musique à la guitare enregistrée à Coimbra, une heure d'asphalte brûlant sous les pieds au rythme d'hotel California.

Kilomètre trente-huit : accueil chez les pompiers, douche à la caserne et matelas au sol. Divin.

*Bombeiros = les pompiers, les "vedettes" du Portugal, par le courage face aux incendies continus de l'été dans ces forêts d'eucalyptus et de pins

Le chemin de croix avant Fatima

Tout devrait aller au mieux pour cette avant-dernière étape. Très peu de flèches bleues et ensuite plus du tout. Comme hier, je poursuis avec maps.me. Personne dans les petits hameaux traversés à part de nombreux chiens qui aboient férocement. L'application est gourmande en énergie, je presse le pas mais plus de batterie. Quelques villages désertiques. Boussole Sud-Ouest, le soleil tape, des dizaines de chiens à endurer qui se défoulent sur le seul piéton du jour. Déjà deux bonnes heures de détour. J'aboie à mon tour, je hurle devant les maisons. Début de folie ?
Le village d'arrivée s'annonce avec en ligne de mire le clocher blanc de Caxarias.

17 et 18/07

La révélation de la boussole

Je ne connais pas grand chose de mon point final. À quatorze heures, je me pose au fond de cette basilique lumineuse et épurée de Fatima.
Qu'importe l'histoire centenaire, les pratiques et les rituels. De ce lieu jaillit une source d'intentions positives. Je retrouve ici un courant d'énergie.
Demain soir, j'irai chercher ma boussole au fond du sac. J'ai besoin de vérifier mon ressenti.
Incroyable !
Les deux basiliques de Fatima sont orientées exactement sur une ligne Nord-Est – Sud-Ouest.
Nous sommes sur le chemin des étoiles...

Fin ...

Esplanade de Fatima entre les deux basiliques

...Le retour :

Le 19/07, je rejoins par bus la capitale portugaise Lisboa*, à 120 km. J'y séjourne trois journées pour apprécier cette ville maritime. Avant de repartir, petit "clin d'œil" devant la tombe de Vasco de Gama, navigateur sur la voie maritime des Indes. En ce dimanche 23/07, la "grande boucle" du tour de France arrive sur les Champs-Élysées. Je la croise sous terre en métro. J'ai l'impression moi-aussi d'avoir vécu une grande boucle depuis ce 24/07 dernier avec le départ vers Rome jusqu'à ce retour à la maison.

Le Chemin et l'Espagne en 2032 ?

J'ai parcouru le nord de l'Espagne sur 900 km. J'ai reçu quelques échos du sud du pays et de son centre madrilène. Ne parlant pas espagnol, les échanges sur le camino restent limités voire déformés. Mais si vous parlez en espagnol à un Basque, il vous répond... en basque. Barcelone et les Catalans ne se présentent pas comme Espagnols. La Cantabrie et les Asturies revendiquent une forme d'autonomie et une reconnaissance de leur langue régionale , ce qui a été obtenu avec le galicien. L'Espagne semble imploser. L'endettement immobilier presse sur le détonateur. Peut-être, est-ce la solution sur le modèle suisse, d'évoluer vers une confédération de provinces.

Loin de tout cela, la thérapie du camino rencontre un succès croissant avec ses 250 000 pèlerins arrivés à Santiago. Dont beaucoup partis depuis ces fameux derniers 100 km ? Ces pèlerins feront l'avenir de la voie du Nord ("del Norte") et du Sud ("de la Plata") ainsi que de nombreuses variantes entre le francés et le Norte. Le Chemin, on y vient et on y revient !

Le Chemin et le Portugal en 2032 ?

Marcher vers le Portugal après Santiago, c'est à coup sûr la cerise sur le gâteau. Près de 400 km en suivant les flèches bleues de Valencia à Fatima. Des gîtes ouvrent entre ces deux points, mais le "caminho" reste collé à la route en goudron ou les pavés de granit.

Les Portugais me semblent discrets, humbles, au bonjour rude. Je suis parfois surpris par la tristesse des visages que je croise. Elle s'exprime aussi dans le fado, ces chants mélancoliques. Le plus faible taux de natalité de l'Europe traduit peut-être ce manque d'enthousiasme. La population vieillit et diminue, 3 000 habitants en moins chaque mois ! Dans un contexte anxiogène de l'explosion de la population mondiale, peut-être est-ce une bonne nouvelle ? L'Allemagne vient d'accueillir des migrants, le Portugal optera de même. À l'Ouest extrême de l'Europe et au pays de Vasco de Gama, je ressens une ouverture sur le monde.

Peu avant Coimbra, proche d'un rond-point, je lis la fière affiche du parti socialiste au pouvoir : « 2,1% de déficit c'est le plus bas de notre démocratie. »

Quant à la production d'électricité, le pays vient de miser à fond sur le renouvelable avec l'eau et le vent, 70% du total. Un record européen ! Avec le solaire encore peu présent, l'objectif du 100% sera atteint et excédentaire d'ici 15 ans.

Je suis convaincu que ce Portugal sérieux, discret et humble sera cité en exemple d'ici 2032.

Quel meilleur moyen que le Chemin pour connaître ce pays et ses habitants ?

Epilogue...

Arrivé ici, j'ai eu la chance de vous faire cheminer avec moi au fil de mes nouvelles. Au total, 4030 km sur la Via Francigena et les voies de Compostelle.

En Inde, j'ai utilisé ce moyen de déplacement pour découvrir les villes et villages et prendre le temps de la rencontre. Prakash qui aime blaguer me surnommait Vasco de Gama.

Me voilà de retour dans ma vie sociale, familiale, professionnelle. « Ça va, pas trop dur ? » me demande-t-on parfois. Je réponds par « Non, je suis plutôt content d'être là. » J'apprécie de retrouver un statut social, une utilité professionnelle, de vivre des moments simples en famille. Cette expérience de voyage en solitaire m'a fait chercher mon énergie et mon chemin par moi-même. Je me sens plus "léger" au retour avec cette impression que les moments simples de la vie sont tous précieux. J'ai développé cette fonction de vivre dans le présent, "ici et maintenant".

« S'éloigner de tout rapproche un peu de l'essentiel », résume Loïc Perron.

Et la suite ?

Il me semble essentiel d'agir aujourd'hui pour les générations à venir. Nous sommes les résistants d'un ennemi invisible et fourbe. Alors l'idée des petits pas du "colibri" me porte. Quitter EDF et son système pour consommer de l'électricité renouvelable avec Enercoop, placer ma petite épargne en label Finansol, être un consomm'acteur de produits équitables et issus de l'agriculture biologique ...

Ce n'est que la goutte du colibri pour éteindre l'incendie, mais il semblerait que nous soyons des centaines de milliers à faire notre part.

L'idée de partager le travail et de dégager du temps personnel me convient bien à dix ans d'une éventuelle "retraite". Alors je choisis le 60 % en temps professionnel.

Voilà, je viens de vous confier mon ressenti de post-année sabbatique. Qu'en pensez-vous ? Peut-être est-ce à votre tour de sortir des sentiers battus pour vivre un projet rêvé ?

Vous pouvez toujours essayer.

Asseyez-vous au calme. Fermez les yeux. Respirez doucement. Voyagez au fond de vous-même. Visualisez vos meilleurs souvenirs, vos rêves d'enfance ou d'adolescence.

D'ici quelques mois, deux ans maximum, vous avez la possibilité de vivre une année où vous organisez le temps selon vos envies, vos besoins, vos attentes. Imaginez...

Pour aller plus loin, quelques informations sur la Via Francigena, l'Inde du Sud, Compostelle et Fatima

Via Francigena : Glossaire et définitions, quelques explications

<u>Crédancial (ou credancial)</u> = D'un point de vue historique, il s'agit d'une lettre de créance donnée au pèlerin du Moyen Âge afin qu'il puisse passer sans danger les nombreux contrôles qui jalonnaient les routes jusqu'en Galice. Aujourd'hui, ce carnet de quelques volets en carton permet de vérifier que vous cheminez à pied, avec un tampon à chaque étape. Il vous donne accès aux hébergements réservés aux seuls pèlerins, à pied ou à vélo

<u>Offerta</u> : le pèlerin est accueilli dans un logement entretenu par des bénévoles (les hospitaliers) ; il peut être proposé un repas, préparé ensemble ou avec les hospitaliers. En fonction de ses moyens, de l'accueil, le pèlerin laisse une somme d'argent dans une boîte, de façon anonyme. Cette somme servira pour les accueils suivants

<u>Risotto</u> : (Riso = Riz) La plaine du fleuve Pô au nord de l'Italie permet la production de riz. Des digues permettent de produire un "riz d'irrigation" avec 10 centimètres d'eau, véritable écosystème. Cette variété au grain rond et mi-long est à l'origine de la recette du risotto. L'eau et le vin sont absorbés par petites quantités successives

<u>Rome</u> : surnommée la "Ville eternelle", car elle a sû garder des monuments du temps des romains (Colisée, Panthéon, forum...). Avec Jérusalem, Rome constitue le pèlerinage originel par la présence de l'apôtre Pierre

<u>Roumieux</u> ou <u>romieux</u> : se dit des pèlerins qui cheminent vers Rome

<u>Via Francigena</u> : "Voie des Français". En 990, l'évêque Sigéric part de Canterbury en Angleterre pour rencontrer le pape Jean XV à Rome. Il traversa la France, du Pas de Calais vers le Doubs, ensuite la Suisse et les Alpes pour continuer en Italie. Il eut la bonne idée de décrire ses 79 étapes de son voyage retour. Aujourd'hui, la popularité des chemins de St-Jacques contribue à faire revivre cette voie historique avec le même état d'esprit

Quelques trucs et astuces pour cheminer sur la Via Francigena

- **Des bâtons de marche** : un véritable soutien à l'énergie consacrée à progresser, 30 % de gain ai-je entendu. Ils assurent la descente, propulsent en montée, motivent sur le plat.

- **Les chaussures de marche** : "hautes" ou "basses", le débat sur le choix. Beaucoup de cailloux ronds et glissants qui menacent les chevilles. J'opte toujours pour les "hautes". À voir !

- **La boussole** : toujours à portée de main. Elle confirme ou infirme la suite du chemin quand le balisage fait défaut. Elle permet de s'orienter sur un "hors chemin". Plus qu'utile !

- **Dictaphone** (si vous êtes seul(e)) : J'ai enregistré les anecdotes du jour, les pensées furtives qui ne viennent que lorsque l'on marche. Un sympathique compagnon de chemin.

Le vocabulaire italien "de survie"

Ostello = gîte pèlerin
Io sono pelegrino francese = je suis pèlerin français
A sinistra, a destra, tutti dritto = à gauche, à droite, tout droit
Rotonda, semaforo, dopo, prima = rond-point, feux tricolores, après, avant
Buon giorno, arrivederci, buena sera : bonjour, au revoir, bonne soirée
Piccolo, grande, mezzo = petit, grand, demi
Café americano = café "allongé" (servi avec un fond de café et une cruche d'eau chaude)

Quelques notes de l'après chemin...une semaine à Rome

Métamorphose du pèlerin ?

PHYSIQUE, le corps va s'habituer aux kilos sur le dos. La peau se durcit sous les pieds, adaptation aux cinq à dix heures de marche par jour.

Les épaules et leurs muscles s'adaptent au sac. La peau brunie au contact de cette nouvelle vie en plein air, sur le visage, bras et mollets, le bronzage du randonneur. Environ deux semaines de darwinisme accéléré !

MENTAL, plus de quiétude, moins d'inquiétude. Chaque soir, un nouveau lieu, de nouvelles personnes à rencontrer. On démarre tôt le matin, tout ira bien. Les endorphines du bonheur agissent progressivement sur le mental, les idées semblent plus claires. Le bien-être de la mobilité efface le mal-être de la sédentarité. Le hamster quitte sa roue et sort de sa cage !

PSYCHOLOGIQUE, pas de transformation miracle ou inattendue. Les gênes et traits de caractère sont bien gravés en nous. Mais c'est un temps privilégié pour se retrouver avec soi-même, prendre de la distance avec son statut social et familial, ce qui ne veut pas dire le renier, bien au contraire.

C'est se tester hors de sa zone de confort, hors de ses points de repère ; chemin perdu, froid sous la tente, accueil un peu "rustique", orage, expulsion San-Antimo...

Aller vers les gens, tous les gens, parler une autre langue.

Savoir accepter que l'on n'ait pas de statut social, de rôle, de diplôme, seulement que les douze kilos du sac.

En sortant d'Aoste, un SDF me prévient que le père de la paroisse est dur et ne donne rien. Me voyant manger des abricots, assis à même le sol, il m'identifie comme SDF et me demande où je vais dormir ce soir. Pas de statut, à ce point ? !

Enthousiasme et persévérance

Apprendre une langue, à jouer de la guitare ou courir une longue distance demande de l'entraînement. Les débuts s'annoncent souvent difficiles, avec de maigres résultats au vu de l'objectif final.

Mathieu Ricard expose l'art de la méditation sous le même angle, avec l'enthousiasme comme moteur de la persévérance, de la détermination à poursuivre l'effort. Les avantages attendus stimulent l'enthousiasme à persévérer. Pouvoir voyager et converser à l'étranger, jouer nos musiques préférées ou retrouver la santé physique et mentale…

Être pèlerin au fil des étapes, sur plusieurs semaines, relève de la même persévérance. Mais le pèlerin n'est pas que randonneur au long cours. Il intègre dans son cheminement la dimension du Sens, qu'il soit spirituel ou affectif.

Le Sens du chemin, moteur du pèlerin, pour se retrouver avec soi-même, avec les autres.

« Nous devons être le changement que nous voulons voir dans le monde » - Gandhi

Car après l'objectif "Cammino" atteint, je vais tenter de vivre avec enthousiasme et persévérance, chaque journée de mon quotidien ordinaire.

INDE : Glossaire et définitions, quelques brèves explications

<u>Amedkar</u> : Ministre du droit et de justice (1947-50) ; né dans la caste* des dalits, ce juriste-économiste soutient le droits des femmes et des dalits, notamment à travers son engagement dans la rédaction de la constitution indienne adoptée en 1950

<u>Amma</u> : Etreint les gens individuellement et consacre la majeure partie de son temps à ces rencontres en tête à tête, plus de 37 millions à ce jour. Leader spirituel, humanitaire et visionnaire

<u>Associations</u> :

Dans un pays où l'État occupe peu le terrain en travail social, l'aide de fond des congrégations religieuses et des associations reste indispensable

- <u>Embrassing the world</u> : initié par Amma. Réseau international oeuvrant pour le développement durable, l'aide d'urgence aux plus démunis, statut de consultant aux Nations Unies. Le siège social se situe au Kérala, à l'ahsram d'Amritapuri

  <u>Sites internets</u> : www.embracingtheworld.org (Monde) et www.**etw-france**.org (France)

- <u>V.C.D.S</u> : (Village Community Development Society). Association créée en 1980 au nord de Pondichéry. Ses 5 travailleurs sociaux et sa vingtaine de professeurs soutiennent les droits des dalits, à travers le suivi scolaire des enfants, la formation des groupes de femmes et de technique d'agroécologie. Deux centres avec une ferme de 4 ha et 2 ha, ainsi qu'une école technique (soudure, informatique et couture)

  https://www.youtube.com/watch?v=bmeF03tpAPU&list=UUUcTCv7l-zrKxPKdWwc4lMQ&index=5   (vidéo de 5 minutes)

<u>Ashram</u> : Lieu où les disciples d'une communauté vivent autour d'un maître spirituel, le gourou

<u>Ayurvéda</u> : Médecine ayurvédique. Fondée à l'époque védique, 5 000 ans avant J.C. Cette science ne traite pas les symptômes isolés, mais la personne en entier dans son rapport avec son environnement. Pharmacopée à base de plantes, massages, méditation, yoga et diététique

<u>BJP</u> : (*Bharatiya Janata Party, parti du peuple indien*) Parti politique au pouvoir depuis 2014, avec le Premier Ministre Modi comme leader. Marqué comme parti de droite nationaliste, la priorité est donnée aux hindous. Priorité à la lutte contre la corruption, une Inde propre, la croissance

<u>Castes</u> : Système d'origine religieuse, où chaque individu appartient à un groupe hiérarchique. Impossible de quitter sa caste. Il y a même les "hors castes", les parias ; ce sont les intouchables ou dalits. Depuis la constitution de 1950, ce système n'est plus officiel, mais reste très présent dans la société indienne.

<u>Gandhi</u> : On ne le présente plus, il a dit tant de choses bien pour notre 21ème siècle.
Les trois heures du film "Gandhi" en 1982 restent un chef d'œuvre véritable

<u>Hindouisme</u> : Religion non révélée, ni fondateur, ni clergé. Elle se base sur des textes anciens, quelques siècles avant le tout jeunot Jésus Christ. Respect de l'ordre dans le monde, dieu dans chaque être et chaque bien, réincarnation de la vie restent les piliers de la croyance hindoue

<u>Mahatma</u> : "grande âme"

<u>Mantra</u> : Formule mystique répétée sans cesse, dans un exercice de méditation ou à des fins religieuses

<u>Saint Charles</u> : (de Borroméo) En 1929, quatres religieuses quittent la Belgique ; après 1 mois de bateau par le canal de Suez, elles arrivent en Inde. Aujourd'hui, c'est 60 maisons, des écoles, des hôpitaux et du travail social auprès des groupes de femmes

Quelques trucs et astuces bon marchés pour un voyage en bonne santé

- <u>Savon d'Alep</u> : riche en huile d'olive, le top pour la peau ; très utile pour se raser.

- <u>Tea tree</u> : Huile essentielle, très ...essentielle, pour les irritations et plaies de la peau. Efficace en dentifrice.

- <u>Sieste</u> : quelques minutes, pour récupérer de certaines nuits courtes et bruyantes.

- <u>Produits lacto-fermentés</u> : quelques mois avant le départ. Renforce la flore intestinale, base de la santé globale (ex : choux-ananas-curcuma-gingenbre-eau salée ou bien la choucroute)

- <u>Eviter la viande</u> : Plusieurs jours pour la digérer et aucun moyen fiable de conservation dans le pays. Mais peut-être est-ce la subjectivité du végétarien ?

<u>Quinze mille kilomètres en avion,
le voyageur se pose des questions</u>

Quelle calculette utiliser pour approcher les utilisations de ressources et les émissions de pollution ? Notre mode de vie génère des déchets et des gaz à effet de serre. Sans démarrer un cours académique, il s'agit du gaz carbonique CO_2 par le transport, du méthane CH_4 par l'élevage et le protoxyde d'azote NO2 par les engrais chimiques. Pour faire simple et résumé. Mais je n'ai pas encore tout compris.

C'est sûr que l'avion pèse lourd dans la balance, je le sais et on me le fait savoir. Vous avez pris l'avion, c'est six mois de prison. Compenser financièrement le CO2 du transport, est-ce un bien pour un mal ? Le voyage apporte son lot de remise en question comme une démarche philosophique.

Beaucoup de ce que nous consommons "ici" vient par avion de "là-bas". Combien de kilomètres dans mon assiette ? Internet voyage presque sans frontière, mais mobilise d'énormes ressources électriques.

Manger bio ne mobilise pas d'engrais chimique… « Oui, mais la bio, ce n'est pas c'que tu crois, tu sais… » ; « Et puis du bio qui vient du Pérou… ». Au secours, mon petit cerveau s'affole, ça frise la dépression.

Car je rêve d'une calculette simple d'utilisation qui comptabilise l'ensemble des incidences, négatives mais aussi positives sur notre environnement, celui déjà de mes petits enfants.

Comment vivre et agir en cohérence avec un avenir heureux et durable ?

Dans la calculette, je désire entrer dans la touche mémoire, tous les bienfaits de la rencontre avec l'autre. Comment vais-je le réinvestir ici ? Quelles incidences là-bas ?

Alors qui s'occupe de la calculette ?

Compostelle et Fatima : définitions, quelques explications

<u>G R</u> : Grande Randonnée. Ces sentiers sont balisés avec deux traits de peinture horizontaux, rouge et blanc.

<u>M.U.L</u> : La Marche Ultra Légère part du constat que porter lourd est contraignant et source de fatigue. Elle consiste à combiner le plus astucieusement possible sécurité, confort, légèreté pour profiter au mieux.
Randonner léger n'est pas un but, c'est un moyen de marcher confortablement, avec moins de fatigue. S'alléger, ce n'est pas uniquement acheter du matériel plus léger. C'est aussi supprimer le superflu. Toute une philosophie.
Et l'on découvre la laine mérinos pour les tee-shirt et chaussettes, le mini couteau suisse à trente grammes …
Partir en sécurité et tout confort avec un sac de sept kg ! Tout est listé, réfléchi, pesé.

<u>Prémontré</u> : Communauté de frères, présente notamment à Conques. Ils aident les laïcs dans différentes missions des paroisses, accueillent les pèlerins avec l'aide d'hospitalier(e)s et assurent l'animation de l'abbatiale Sainte-Foy (Présentation du tympan, orgue et piano, messe, défense des droits de l'homme et des prisonniers).

<u>Ultreïa</u> : aller plus loin, plus haut. C'est une expression de joie du Moyen Âge, essentiellement liée au pèlerinage de Compostelle. Aujourd'hui, « Ultreïa » est repris en choeur avec le « chant des pèlerins de Compostelle »

<u>Vasco de Gama</u> (1469-1524) : Grand navigateur portugais, premier Européen à arriver aux Indes de l'époque en 1498, par la voie maritime qui contourne la pointe sud de l'Afrique au cap de Bonne-Espérance.

<u>Vinho verde</u> : le vin vert se réfère à la jeunesse du breuvage. Ces vins portugais, blancs, rouges ou rosés se boivent dans l'année. La fermentation en bouteille produit une écume mousseuse qui renforce de sa fraîcheur piquante, la saveur fruitée du vinho verde.

Quelques trucs et astuces pour cheminer vers Compostelle

- _Coquilles_ : … Saint-Jacques, le balisage européen des différents chemins qui mènent à Compostelle. Le point de convergence des traits indiquent la direction à suivre.

- _Boules Quies_ : indispensables dans les dortoirs des gîtes, les "albergue" espagnoles et portugaises ! En cire naturelle. Réutilisables de très nombreuses fois.

- _Plantain_ : À feuille ronde, appliquée sur les ampoules à l'intérieur des chaussettes. À feuille ovale, plier en deux pour faire couler la sève sur les piqûres d'insecte.

- _Gronze.com_ : l'utilité d'internet au service pratique du pèlerin. Ce site s'avère utile pour prévoir ses étapes et les hébergements.

- _Déconnexion wifi_ : le droit de déconnexion de son travail est légalisé, l'idéal serait aussi de l'appliquer lors des soirées en gîte entre pèlerins. Ne pas en abuser, limiter le wifi… pour vivre ici et maintenant, ensemble sur le Chemin.

Le vocabulaire "de survie"

- ## Espagnol :

Hola, buenas dias, buenas tardes, = Salut, bonjour (le matin), bonne après-midi
Hasta luego,buenas noches = À plus tard, bonne nuit
Bocadillo = sandwich
Café solo, café américano = café sans lait, grand café
Cana, agua = pression (bière), de l'eau
Qué tal ? muy bien = Comment ça va ? très bien
Albergue = gîte pèlerin
Buen camino = bon chemin

- ## Portugais :

Lisboa = Lisbonne
Bom dia, boa tarde, adeus = Bonjour, bonne après-midi, au revoir
Muito obrigado = merci beaucoup
Bom caminho = bon chemin

L'année sabbatique...

L'écriture de ce livre a la modeste ambition de partager, inspirer et transmettre. L'envie de valoriser cette possibilité du congé sabbatique.

Quel est son mode d'emploi ?

Étymologiquement, il renvoie au sabbat, ce repos que les juifs observent le samedi, jour consacré au culte divin.

Tout salarié du privé bénéficie par le code du travail d'un droit de s'absenter de son entreprise pendant six à onze mois, en ayant la garantie de retrouver son emploi et la rémunération équivalente. En statut public, c'est le droit à la disponibilité.

Le contrat de travail est suspendu, les droits liés à la sécurité sociale sont maintenus avec une couverture santé. Á l'issue du congé, le salarié retrouve son poste à rémunération équivalente.

Dans certains pays, cette forme de parenthèse est encouragée, car perçue comme un véritable temps de formation et d'ouverture sur le plan humain. Gagnant- gagnant pour l'entreprise et le salarié. En France, il reste encore perçu comme du dilettantisme, un abandon du poste de travail. Ce livre contribue modestement à faire évoluer ce point de vue.
Alors que la ligne de la retraite recule vers les 65 ans, peut-être est-ce une solution de motivation, un relais régénérateur, une source d'énergie nouvelle ?

Poursuivre la reflexion vous emmène ensuite sur le débat de son coût, du choix de vos dépenses, de l'organisation dans votre entreprise, des relations sociales et familiales... et de l'enrichissement personnel.

Et si l'envie vous séduit, nous pouvons échanger et partager :

verhillevincent@orange.fr

Bibliographie

Livres :

- « La cité de la joie » de Dominique Lapierre (1985)

- « La sobriété heureuse » de Pierre Rabhi (2010)

- « Indignez-vous ! » de Stéphane Hessel (2010)

- « Immortelle randonnée » de Jean Christophe Ruffin (2013)

Magazines :

- « Kaisen », construire un autre monde, pas à pas. Le magazine des colibris.

- « Carnets d'aventures », ligne éditoriale basée sur le thème du voyage non motorisé dans la nature.

Sitographie

- http://www.randonner-leger.org :   La philosophie de la Marche Ultra Légère

- https://www.**colibris**-lemouvement.org : le site du changement, pas à pas

- https://www.**gronze**.com : Toutes les informations, gîtes et étapes de tous les chemins de Compostelle

Filmographie

- « En quête de sens » : (2015) par Nathanaël Coste et Marc de la Ménardière.

Reflexions de 2 jeunes sur la marche du monde

- « Demain » : (2015) par Cyril Dion et Mélanie Laurent.

Quelques solutions face aux crises écologiques, économiques et sociales

- « Un plus Une » : (2015) par Claude Lelouch.

Pour l'ambiance indienne et le voyage vers Amma

- « Carnet de voyage » : (2004) par le réalisateur brésilien Walter Salles.

Film brésilien, chilien, américain, péruvien et argentin

Le voyage de jeunesse d'Ernesto Guevara et d'Alberto à travers l'Amérique du Sud

Table